AGAR TUM MERI HOTI..

EK MOHABBAT JO SIRF DUA TAK RAHI...

SAMEER KHAN

Is kitaab ko un sab jazbaaton ke naam,
jo lafzon mein nahi aaye,
aur uske liye... jiska naam sirf mere dil ko malum hai.
Woh, jo meri zindagi mein kabhi meri nahi hui,
lekin meri har dua mein thi.

— Sameer khan

Contents

Contents

Foreword

Mohabbat...
Ek aisi feeling jise har koi mehsoos karta hai, lekin har kisi ki mohabbat poori nahi hoti.
Kuch logon ke paas lafz hote hain, kuch ke paas bas khamoshi.
Aur meri kahani... us khamoshi ki ek misaal hai.
"Agar Tum Meri Hoti" sirf ek kitaab nahi hai,
yeh meri rooh se nikla har wo jazba hai jo maine saalon tak sirf khud ke andar jeeya.
Yeh kahani un lamhon ki hai jahan maine usse har roz dekha,
har dua mein maanga...
aur phir bhi... kabhi paaya nahi.
Yeh meri unspoken love story hai — jismein na koi izhaar hai, na koi haqdari.
Sirf mohabbat hai.
Sacchi, bepanah, aur adhoori.
Main chahta hoon, jab aap is kahani ko padhein,
toh sirf shabdon ko nahi, meri khamoshi ko bhi mehsoos karein.
Ho sakta hai, kahin na kahin aap bhi kisi ko aise hi chahte rahe ho... bina kahe, bina mile.
Yeh kitaab un sab logon ke liye hai,
jo kisi ko dil se chahte hain, par bata nahi paate.
Shayad aapka bhi ek tukda is kahani mein kahin na kahin chhupa ho.

Preface

Mohabbat ki kahaniyaan duniya mein hazaaron likhi gayi
hain...
Lekin yeh kahani unmein se nahi hai jahan do log mil jaate
hain.
Yeh kahani uss mohabbat ki hai jahan na koi izhaar tha,
na koi rishta.
Sirf ek nazar thi... ek dua thi... aur ek rooh tak chali jaane
wali khamoshi.
Maine yeh kitaab isliye nahi likhi ki koi mujhe samjhe,
balki isliye likhi hai kyunki kahi na kahi aap bhi mujh jaise
ho sakte ho —
ek aise insaan jo apni mohabbat se kabhi keh nahi paaya,
bas chhup chhup ke uske liye jeeta raha.
"Agar Tum Meri Hoti" meri zindagi ke un saalon ka
safar hai
jahan main sirf us ek ladki ke liye har subah uthta tha,
uska bas ek pal dekhne ke liye jeeta tha.
Yeh kitab likhna mere liye asaan nahi tha.
Har chapter mere dil ka ek tukda tha,
aur har lafz... meri rooh se nikla hua.
Agar aapne kabhi kisi se bepanah pyaar kiya ho,
aur kabhi keh nahi paaye ho...
toh shayad yeh kahani aapki bhi ban jaaye.
Yeh kahani mohabbat se zyada ibadat ki hai...
aur shayad isi wajah se sabse sachchi hai.
— Sameer Khan

Acknowledgements

Sabse pehle...
Allah ka shukriya, jisne mujhe likhne ki taaqat di,
aur meri khamoshi ko lafzon ka roop diya.
    Unka shukriya,
jo meri zindagi mein sirf kuch pal ke liye aaye,
magar har pal meri rooh mein zinda reh gaye.
Jin se kabhi kuch kaha nahi...
par jin ke liye har lafz likha gaya.
    Is kahani ke zariye maine apne dil ke bohot saare boojh halka kiye,
aur un jazbaaton ko azaad kiya jo saalon se sirf meri diary tak simte the.
    Un sab doston, readers, aur unspoken saathiyon ka shukriya
jo mujhe bina jaane, bina mile samajh gaye —
aur mere har post, har quote, har reel mein
meri sachchai mehsoos ki.
    Aur tum,
agar kabhi yeh kitaab padh rahi ho...
toh bas ek baar itna jaan lena,
ki kisi ne tumhe sirf chaha nahi,
ibadat ki tarah jeeya tha.
    Shukriya.
— Sameer Khan

Prologue

Kya tumne kabhi kisi ko itna chaaha hai...
ki uska sirf dikh jaana,
tumhare din ka sabse khoobsurat hissa ban jaaye?
    Main ne kiya hai.
Maine use chaha... bina izhaar ke, bina aawaz ke.
Maine use har roz usi jagah dekha,
lekin kabhi ek lafz nahi bola.
    Na usne kabhi poocha,
na maine kabhi kaha.
Par uske hone ne mujhe jeena sikhaya...
aur uske chala jaane ne...
mujhe likhna.
    Yeh kahani uss mohabbat ki hai
jo kabhi mili nahi,
phir bhi kabhi khatam nahi hui.
    "Agar Tum Meri Hoti..."
sirf ek soch nahi thi...
woh meri rooh ki sabse sacchi dua thi.

CHAPTER ONE

Pehli Nazar Ka Jaadu

Aksar log pyaar aur mohabbat mein farq puchte hain...
Pyaar kya hota hai, yeh mujhe nahi pata.
Lekin mohabbat kya hoti hai —
Yeh Shayad aapko is kitaab ke zariye Pata Chal Jaye.

1 September ki subah thi — jahan se meri mohabbat ki duniya shuru hui.

Ek aur weekday...

Main naya office join karne ja raha tha.

Company wahi thi, kaam bhi wahi — bas jagah badli thi.

Subah 9:30 baje ke kareeb main **Delhi Sachivalaya** ke bus stand par khada tha —

ek nayi jagah, ek naya safar, aur ek ajeeb si shanti mere andar.

Na koi excitement thi, na tension.

Sab kuch jaise ek hi lehar mein beh raha tha...

...tabhi meri nazar **us par** padi.

Ek ladki — Black kurti mein.

Kandhe par ek bag, ek haath uske strap ko sambhalte hue, doosre haath mein ek purana sa phone.

Woh kisi aur hi duniya mein thi — ek khamosh, masoom si duniya.

Lekin sabse khaas tha — **uske kandhe pe arohi safed chadar.**

Jis tarah se woh chadar us par thi, jaise roshni ne saadgi se dosti kar li ho.
Aur jaise hi maine us chadar ko dekha,
mann ekdum maa ki taraf chala gaya... waise hi chadar meri mummy bhi aorhti hain.
Ek alag hi ehsaas tha —
ek ladki, itne modern zamane mein, phir bhi itni simple aur saadhi.

Uska chehra mask ke peeche tha,
lekin uski aankhon mein tasalli thi —
ek aisi tasalli jo keh rahi thi, ***Main poori hoon, bina kuch kahe.***

Main use dekhta raha...
Woh kisi aur ko nahi dekh rahi thi.
Shayad kisi ka intezaar kar rahi thi.
Shayad nahi bhi.

Lekin uske hone mein ek alag hi wujood tha —
Woh bheed mein hokar bhi tanha thi... aur Main tanha hokar bhi sirf usi ko dekh raha tha.

Bus stand par aur bhi ladkiyaan thi,
lekin meri nazar sirf usi par jaa kar ruk gayi.

Ek ajeeb si feeling jaagi...
Jaise dil ne pehli baar andar se kuch kaha ho —
"Woh tujh jaisi hai..."

Aur woh ek pal hi, meri zindagi ka mod ban gaya.

Mujhe uska naam nahi pata tha.
Na yeh jaanta tha woh kahaan jaati hai, kya karti hai.
Phir bhi...

Dil ne pehli baar kisi ko mehsoos kiya tha — bina kisi wajah ke.

Na usse baat karne ki himmat thi,
na kareeb jaane ki koshish.

Bas...
Ek lamha tha,
jisme meri rooh uske saath chal padi thi.
Aur us lamhe ke baad...
har subah ka ek chhupa hua intezaar ban gayi.
Mujhe nahi pata tha, woh ladki meri zindagi ban jaayegi
—

sirf door se dekhi gayi,
par dil mein reh jaane wali.

CHAPTER TWO

Har Roz Ka Saath – Bina Saath Ke

Mere Ehsaas

Pehli baar use dekhne ke baad,
dil ajeeb sa bhaari lagne laga.
Sirf ek nazar thi... ek pal...
lekin us pal ne andar kuch aisa chhed diya,
jo shayad pehli baar mehsoos hua tha.
Uske baad har subah us bus stop jaana routine nahi raha,
ek chhupi si umeed ban gayi —
jaise meri duniya ka har safar ab sirf uski ek jhalak se shuru
hota ho.
Wahi waqt. Wahi jagah.
Lekin har din ek nayi umeed:
"Shayad aaj phir mil jaaye."
Pehle laga yeh sab sirf ek ittefaq hai.
Kabhi milti thi, kabhi nahi.
Par dheere dheere...
jab uska milna aadat ban gaya,
toh lagne laga —
yeh ittefaq nahi... kismat hai.

Main uska naam tak nahi jaan paya.
Par uski aankhon ka noor,
uski safed chadar,
aur phone pakadne ka andaaz —
sab kuch meri yaadon ka hissa ban chuka tha.
Woh roz milti thi…
jaise har namaaz mein uska zikr likha ho.
Aur meri dua sirf ek hi thi —
"Bas ek baar, woh dikh jaaye."
Kabhi sochta —
"Kya use bhi mehsoos hota hoga ki main yahan hoon?"
"Kya meri khamoshi kabhi uski aankhon tak pahunchi hai?"
Phir sochta…
shayad main hi hoon jo khud se baatein kar raha hai.
Usne kabhi mujhe dekha bhi hoga ya nahi —
pata nahi.
Par uska hamesha waise hi aana,
usi tarah mask mein chhupa hona,
aur meri aankhon ke samne se guzarna…
yeh sab mere liye ek tasalli ban chuka tha.

Uska Routine, Mera Waqt

Ek waqt aaya,
jab meri aankhon ne uska routine yaad kar liya tha.
Kaun si bus mein aati hai,
kab utarti hai,
kab aas-paas dekhti hai —
sab kuch samajh aa gaya tha.
Maine kabhi uska peecha nahi kiya.
Kabhi uski zindagi mein dakhal nahi diya.
Bas ek hi cheez chahta tha — uski ek jhalak.
Jaise woh meri rooh ke darpan mein aakar thoda noor

daal jaati ho.

Uska hona,
Meri har subah ko mukammal bana deta tha.
Aur uske bina...
har khamoshi adhoori lagti thi.
Par is sab ke beech ek dar bhi tha —
meri awaaz.
Mujhe hamesha lagta tha...
agar maine kuch bola,
toh meri awaaz uske noor mein koi daag na ban jaaye.
Kahin aisa na ho ki
meri mohabbat uske dil tak pahunchne se pehle,
meri awaaz uske kaanon mein chubh jaaye.
Shayad isi liye...
main chup raha.
Shayad yeh mohabbat itni masoom thi
ki ismein kisi rishte, kisi jawab, kisi haan-naam ki jagah hi
nahi thi.
Bas woh thi... aur uska hona tha.
Aur main tha... jo sirf uske hone mein jeeta tha.

CHAPTER THREE

Uske Naam Pehli Dua

Mohabbat — Aadat Se Ibadat Tak

Mohabbat kab aadat se ibadat ban jaati hai, pata hi nahi chalta...
Aur mujhe bhi nahi chala.
    Bas ek din itna samajh aaya —
main har subah us bus stop par use sirf dekhne nahi,
uske hone ko mehsoos karne jaa raha hoon.
    Ek chhupi si umeed,
ek khamosh si dua:
Aaj woh bus se utre... ek pal ke liye dikh jaaye...
    Kabhi kabhi lagta tha,
uska sirf theek-thaak pohchna hi meri subah ka maqsad hai.
    Main jaanta tha — main uska naam tak nahi jaanta.
Par uske chehra ka noor,
mask ke peeche se bhi poori subah roshan kar deta tha.
    Uske hone se lagta tha —
jaise zindagi thoda mukammal ho jaati hai.

Pehli Baar — Allah Se Dua

Phir ek din maine mehsoos kiya —
main Allah se uske liye baat kar raha hoon.
  Baarish hoti thi, toh dua karta:
"Ya Allah, uske raaste chhati bana dena...
uska chehra kabhi bheeg na jaaye."
  Kabhi bus route band ho jaata,
toh kehta:
"Uski rah asaan kar de, Allah."
  Pata hi nahi chala,
kab main itna bepanah ho gaya —
ke apne liye kuch maangta hi nahi.
  Sirf uske liye...
har sajda, har dua, har khushi maangi.

Woh Ek Din — Jab Sab Namumkin Tha

Ek subah main late ho gaya tha.
Baarish thi, hawa tez chal rahi thi —
aisa mausam jisme ghar se nikalne ka mann hi na kare.
  Socha metro le loon...
lekin dil ne kaha:
"Agar bus li, toh shayad aaj bhi uski ek jhalak mil jaaye..."
  Waqt aisa tha ke uska milna namumkin lag raha tha.
Phir bhi chala gaya.
  Jaise Allah ne khud mujhe us raste pr bheja ho.
Aur jab bus stop par pahucha...
dekha — woh bus se utar rahi thi.
  Haath mein kuch files.
Chehre par wohi noor.
Wohi simplicity.
  Main ek pal ke liye ruk gaya.
Itna bada sheher.
Itne crore log.

Aur us pal... us waqt... us jagah...
woh meri aankhon ke saamne thi.

Ibadat — Jiska Kabhi Izhaar Nahi Hua

Us ladki ko kabhi nahi pata chalega...
ki koi tha jo har roz uske liye sajde mein girta tha.
    Har namaz ke baad,
har khwahish se pehle —
sirf ek hi dua hoti thi:
"Ya Allah, uski hifaazat karna."
    Uska khayal rakhna meri zindagi ka sabse bada maqsad
ban gaya tha.
Main kabhi use chhoo nahi saka.
Baat nahi kar saka.
Lekin...
har sajda uske naam tha.
    Uske bina bhi,
uske liye jeeta raha.
    Uske Bina Subah Adhoori Lagti
    Jab woh nahi dikhti thi,
dil ghabra jaata tha.
    Dar lagta —
shayad beemar hai,
shayad bus chhoot gayi,
shayad kisi ne kuch keh diya ho...
    Main use protect nahi kar sakta tha.
Lekin main uske liye Allah se lad sakta tha.
    Kabhi kabhi sochta tha...
agar woh jaan paaye —
ke koi hai jo har din uske baare mein sochta hai —
toh shayad uska dil halka ho jaaye...

Par main jaanta tha —
yeh mohabbat chhup kar jeene ke liye bani hai.
Ismein izhaar nahi tha.
Ismein sirf ibadat thi.
Woh thi — bina jaane bhi.
Aur main tha — sirf uske hone mein jeeta hua.

CHAPTER FOUR

Pehli Baar Bina Mask Ke

Ek Saal, Ek Chehra – Tasveer Se Pehle

Us ladki ko dekhte hue kareeb ek saal ho chuka tha.
Har din main use dekhta tha —
bina baat kiye, bina chehra jaane.
Us waqt tak,
uska chehra sirf meri tasavvur mein tha.
Main uski aankhon se,
uski safed chadar se,
uske bag, aur chalne ke andaaz se use pehchanta tha.
Woh ek raaz thi.
Aur usi raaz mein meri mohabbat roshan thi.
Main uski aankhon mein noor dekhta tha,
uski khamoshi mein masoomiyat,
aur mask ke neeche chhupi muskaan ko mehsoos karta tha.
Shayad isi liye meri mohabbat itni pak ho gayi thi —
maine use bina dekhe chaaha tha.
Bina uski muskaan dekhe,
bina uske chehre ke naksh jaane,
sirf uske hone se pyaar ho gaya tha.

Woh Tasveer... Jo Dil Tak Gayi

Ek din — ek tasveer ne meri duniya hilaa di.
   Woh din bhi doosre dino jaisa hi tha,
bas ek farq tha:
us din mujhe ek tasveer mili.
   Main uski company ke Facebook page par tha —
bas yun hi... shayad kisi umeed mein.
   Main us company ke albums dekh raha tha.
New Year / Diwali celebration ke collage etc...
   Tabhi,
ek frame ke kone mein **woh** thi.
   Safed chadar.
Wahi hauli si muskaan.
Aur... mask ke bina.
   Us pal...
dil ekdam ruk gaya.
   Pehli baar uska poora chehra meri aankhon ke saamne
tha.
Pehli baar uski aankhen, uski muskaan — saath thi.
   Woh sirf sundar nahi thi...
woh roohani thi.
   Uska chehra dekh kar laga —
**jaise iftar ke waqt kisi ne roza kholne ke liye sirf ek
tasveer dikha di ho.**
   Main bas dekhta reh gaya.
   Tasveer chhoti thi,
quality bhi utni clear nahi thi...
lekin usme ek chehra tha —
jo meri har dua ka jawab lag raha tha.

Mask Ke Peechhe Wali Rooh

Us pal mein,
meri mohabbat ne ek nayi roshni le li.
    Ab tak jise sirf rooh se chaaha tha,
ab uska chehra bhi meri rooh ka hissa ban gaya tha.
    Main us tasveer ko baar-baar dekhta...
Kabhi uski aankhon ko zoom karta,
kabhi uski muskaan ko.
    Uske chehre mein ek sukoon tha —
jaise duniya ke dard uske andar chhup gaye ho,
aur phir bhi woh muskurana chhodti nahi ho.
    Us din samajh aaya:
Main ab us ladki se nahi...
uske har andaaz se mohabbat karne laga hoon.
    Uske phone pakadne ke tareeke se,
uske bag ke girne-uthne tak,
bus mein chadne ke andaaz tak —
sab kuch meri mohabbat ka hissa ban gaya tha.

Chehra Mila... Dooriyan Wahi

Uska chehra dekhna —
meri zindagi ka woh pehla pal tha jisme laga:
ab main usse door nahi reh sakta.
    Par afsos...
main tab bhi uske paas jaane ki himmat nahi kar paaya.
    Chehra mil gaya tha,
par rishta ab bhi door tha.
    Khamoshi gehri thi,
mohabbat aur pak ho gayi thi.
    Pehli baar maine uska asli roop dekha tha —
aur us roop ne mujhe jeene ki ek nayi wajah de di thi.

Tasveer Ka Sandesh

Us tasveer ne mujhe kuch keh diya —
"Tu sahi tha...
tu jise chahta hai,
woh chaahne layak hai."

CHAPTER FIVE

Letter Jo Kabhi Nahi Diya

"Is chapter ke end mein wo asli letter hai... jo maine likha, lekin kabhi de nahi paaya. Shayad is kitaab ke zariye, us tak meri khamoshi pahunch jaaye."

Lafz Jo Keh Nahi Paaya

Kuch jazbaat hote hi is liye hain...
taaki woh kabhi lafzon mein na aayein.
     Main jaanta tha —
main usse baat nahi kar paunga.
Kam se kam... aasani se toh nahi.
     Meri khamoshi,
uski simplicity ke saamne bahut badi lagti thi.
     Har din mere andar ek awaaz kehti thi:
"Kuch toh bol..."
Aur har baar ek darr us awaaz ko kaat deta tha:

**"Kahin meri awaaz uske dil tak jaane wali raah mein
rukaawat na ban jaaye."**

Shayad isi liye...

ek din maine bolne ke bajaye likhne ka faisla kiya.

Ek Chhitti — Jo Kabhi Us Tak Nahi Gayi

Maine ek chhitti likhi...

jo kabhi kisi tak nahi pahunchi.

Par har lafz mein meri sachchai thi.

Mere dil ke jazbaat, meri khamoshi, meri mohabbat — sab
kuch.

Woh ek aisi chhitti thi

jo na sirf kisi ladki ke liye thi,

balki meri khud ki rooh ke liye bhi thi.

Mujhe nahi malum us tak yeh kabhi pohochti ya nahi,

par likhna zaroori tha...

apne dil ke bojh ko kuch lafzon mein halka karne ke liye.

Maine likha...

meri awaaz shayad alag hai,

par mere jazbaat... duniya ke sabse saaf jazbaat hain.

Maine uske maa-baap ke liye shukriya likha...

jinhone ek itni masoom, sharmili rooh is duniya mein bheji.

Aur likha:

**"Main kabhi tumhe pareshan nahi karunga.
Tumhare sukoon ke bina ek kadam bhi nahi loonga."**

Woh letter kisi rishte ka pressure nahi tha...

woh ek khula safha tha —

jahan uske paas apni marzi likhne ka poora haq tha.

Woh Kadam... Jo Kabhi Nahi Chala

Woh letter mere bag ke ek chhupay hisse mein dinon tak raha.

Kabhi socha:

"Aaj de deta hoon..."

Kabhi bus stop par...
kabhi uske building ke paas...
kabhi office se wapas jaate waqt...

Kabhi toh itna paas chala gaya
ki sirf ek kadam ka fasla tha.

Par jab bhi uski aankhon mein,
uske chehre ka sukoon dekhta...
main ruk jaata.

Shayad meri mohabbat,
use paa lene se zyada,
uske sukoon ki hifaazat thi.

Main nahi chahta tha
ke meri wajah se uska ek din bhi bechain ho.

Ek Mohabbat — Jo Chhitti Mein Hi Poori Thi

Aur
Shayad wahi letter...
aaj iss kahani ka hissa ban gaya hai.

Shayad agar yeh kitaab kabhi us tak pohoch gayi,
toh woh page bhi khul jaaye —
jismein sabse zyada sach tha,
lekin kabhi diya nahi gaya tha.

Yeh woh khat hai... jo kabhi us tak nahi gaya.

Kyun tum mere khayalon se nahi ja rahi? Main jaanta hoon ki tum mujhe kabhi nahi mil paogi, par fir bhi pata nahi kyun mere dil aur dimaag me sirf tumhare hi khayal rehte hain. Kai baar mann hota hai ki tumhe sab kuch bata doon, dikhaun ki main tumse kitni mohabbat karta hoon. Pichle almost 2 saal se kaise tumhare liye pagal hoon. Main tumhara naam tak nahi jaanta, par sirf tumhare hone ke ehsaas se hi mujhe itni mohabbat hai.

Kai baar sochta hoon ki thodi himmat karke tumhe sab bata doon, phir dar lagta hai ki kahin tum mana na kar do. Is baat se mujhe itna dar lagta hai ki maine aaj tak tumse kuch nahi kaha. Jab bhi tumhe dekhta hoon, mujhe sirf khushi mehsoos hoti hai. Main sochta hoon ki koi din aisa aaye jab hum dono kisi shaant jagah par baithein, apni dil ki baat karein, aur main tumhe sab bata sakoon—ki kaise main tumhare liye pagal tha.

Sach kahoon toh main tumse shaadi karna chahta hoon. Mujhe lagta hai ki tum meri life ki wahi ladki ho jaisi maine hamesha sochi thi—bilkul waisi hi ho. Par afsos, main tumse shaadi toh door, apni mohabbat ka izhaar bhi nahi kar pa raha hoon. Kabhi kabhi sochta hoon ki agar izhaar kar bhi diya aur tumne haan bhi bol diya, toh bhi kya main tumhare liye sahi hoon? Main tumhe abhi ke waqt kya de sakta hoon? Tension ke alawa shayad kuch bhi nahi. Main tumhe duniya ki saari khushiyan dena chahta hoon jo tum deserve karti ho, lekin jis phase se main guzar raha hoon, us hisaab se main tumhe dukh ke siwa kuch nahi de paunga.

Main life me success hone ke liye mehnat kar raha hoon, par ab tak koi solid result nahi mila. Jaise hi kuch positive hota hai, koi na koi problem aa jati hai. Phir bhi mujhe khud par yakeen hai ki ek na ek din meri mehnat zaroor rang layegi. Us din main khud par proud feel karunga, par wo din kab aayega, ye mere haath me nahi hai. Main sirf mehnat kar sakta hoon, baaki dene wala Allah hai.

Main tumse pyar karta hoon. Main tumhe apni khushiyon ka hissa banana chahta hoon, apni pareshaaniyon ka nahi. Tum itna kuch deserve karti ho ki jab bhi tumhari life me koi aaye, toh tumhare chehre par sirf muskurahat ho. Tumhari aankhon me aansu aayein, toh sirf khushi ke ho. Tumse is had tak mohabbat hai ki tumhe paana mera maqsad nahi, balki tumhari khushi mere liye sabse zyada zaroori hai. Allah se sirf yehi dua karta hoon ki jis bhi ladke ki kismat me tumhe likha hai, wo tumhe hamesha khush rakhe, tumhara shehzadiyon ki tarah khayal rakhe. Tum khud nahi jaanti ki tum kitni khoobsurat ho—sirf surat se nahi, balki tumhari saadgi, tumhara seedhapan, tumhari family ke prati responsibility—sab kuch ekdum alag aur khoobsurat hai. Main dil se tumhare maa-baap ka shukriya ada karta hoon jinhone tum jaisi masoom, sharmili, aur khoobsurat ladki is duniya mein bheji. Aaj ke zamane mein itni saadgi aur asliyat kisi chehre par dekhna mushkil hai.

Main kabhi samne se tumhara chehra bhi nahi dekh paaya, sirf mask me hi dekha hai. Par tumhari jo saadgi hai, usne mera dil le rakha hai. Tumhari aankhen kitni khoobsurat hain, uski tareef ke liye mere paas lafz nahi hain. Teen saal se main tumse ek tarfa pyar karta aa raha hoon, sirf tumhari ek jhalak dekhne ke liye ghanto bus stand par wait karta tha. Kai baar koshish ki hai tumse baat karne ki, par jaise hi tumhare kareeb aata hoon, ek ajeeb sa dar lagta hai ki kahin tum uncomfortable na ho jao, kahin tum mujhe galat na samjh lo. Ye soch kar main har baar give up kar deta hoon.

Mujhe tumse apni mohabbat ka izhaar na karne ki ek aur wajah bataani hai—meri awaaz. Meri awaaz thodi alag hai, aur mujhe hamesha yeh darr lagta tha ki kahin rejection ka reason yahi na ban jaye. Par ab sochta hoon ki agar meri feelings sachchi hain, toh yeh chhoti si baat unke aage kuch bhi nahi hai.

Baki life me Allah ki dua se sab theek hai. Main ek acchi naukri kar raha hoon as an online sales manager. Main tumse bas itna kehna chahta hoon ki ye letter sirf isliye likha hai taki main apne dil ki baat tum tak pahunchaa sakoon. Mera kisi bhi tarah se koi galat intention nahi hai, na tumhe pareshan karne ka, na hi kisi aur wajah se. Tum chaho toh is letter ko ignore kar sakti ho. Jo mere dil ki baat thi, wo maine bina kisi filter ke likh di.

Main apne ghar ka akela ladka hoon, meri behno aur maa-baap ki zimmedaari bhi mere upar hai. Kabhi bhi in cheezon me nahi padha. Mera sirf ek goal hai—apni family ko khush dekhna, unki har khwahish poori karna. Aaj pehli baar kisi ladki ke liye letter likha hai, iska matlab hai ki tum mere liye sach me important ho. Waise toh is letter me koi bhi aisi baat nahi hai jo tumhe kisi bhi tarah uncomfortable kare, par fir bhi agar tumhe lage ki maine yeh likh kar koi galti ki hai, toh uske liye sorry.

Mujhe maloom hai ki tumhare decision ka respect karna aur tumhare comfort ko importance dena zaroori hai. Bas yehi kehna chahta hoon ki yeh letter sirf meri feelings tak limited hai. Tumhe yeh letter padh kar jo bhi samajh aaye, main uska izzat ke saath intezaar karunga. Tumhari khushi aur tumhara sukoon mere liye sabse zyada maayne rakhta hai. Agar ye letter tumhe uncomfortable feel karwaye toh tum isse phaad sakti ho aur is moment ko ek bura sapna samajh kar bhool jana. Kyunki aaj ke baad main tumhe kabhi pareshaan nahi karunga.

Agar kabhi tumhe lage ki tumhe mujhse baat karni hai ya jawab dena hai, toh mujhe email ya Instagram par contact kar sakti ho. Bas itna hi kehna tha. Tumhari khushi hamesha bani rahe, yehi dua hai.

Main jaanta hoon yeh letter us tak nahi gaya, lekin shayad is kitaab ke zariye meri khamoshi uske dil tak pahunch jaaye...

CHAPTER SIX

Barish Ka Woh Lamha

Barish Ki Shuruaat

Us din subah se hi baarish ho rahi thi.
Aasmaan pe baadal chhaye hue the.
Sheher bheeg chuka tha —
galiyan, ped, khidkiyaan...
aur shayad kahin andar mera dil bhi.

Office ka waqt ho chuka tha,
par main nikal nahi paaya.

Main aangan mein baitha,
baarish ki boonden ginta raha.

Andar se koi keh raha tha:
Ruk ja... aaj ka din kuch alag hai.

Jab baarish ruki, waqt nikal chuka tha.
Metro mere ghar ke paas hi thi...
lekin us din dil ne bus lene ki zid ki.

Mann kehta raha:
Kya pata aaj bhi mil jaaye...

Phir Woh Nazar Aayi

Aur wahi hua.
Jab main bus stop pahucha,
umeed ka ek rakh bhi nahi tha.

Lekin phir —
woh saamne se aa rahi thi.
Haath mein amrela,
aur chehre pe wahi pehli si roshni.
Main samajh nahi paaya —
iss bheed bhare sheher mein,
Allah ne kaise phir ek baar humein ek pal mein jod diya.
Hum dono ek hi bus mein chadh gaye.
Usne apna amrela aur bag ek seat pe rakha,
aur aage badhne ki koshish ki.
Main usi jagah khada tha —
mobile mein ticket book karte hue,
ek haath se pole pakad ke,
doosre se type karte hue.

Woh Ek Pal Ka Chhoona

Bus chalni shuru hui.
Hum dono apne-apne khayalon mein the.
Tabhi usne balance banane ke liye
usi pole ko pakadne ki koshish ki
jo main pehle se pakde hua tha.
Aur...
uska haath mere haath se chhoo gaya.
Woh chhoo lena —
naarmi se bhara,
bina kisi niyat ke,
sirf ek zarurat ka jazba tha.
Par mere liye...
wo ek roohani jhonkha tha.
Waqt ek pal ke liye ruk gaya.
Main ghabra gaya,
nervous ho gaya,

par uske comfort ke liye
maine turant apna haath neeche kar liya.

Chhoona Nahi, Sambhalna Zaroori Tha

Mujhe pata tha —
uske liye sukoon sabse zaroori hai.
    Main ladka tha —
aur agar society ke tareeqe se sochu,
toh main khushi mehsoos kar sakta tha...
    Lekin jo mohabbat main karta hoon,
usmein chhoona nahi... sambhalna zaroori hota hai.

Uska Simatna, Mera Ruk Jana

Woh crowd ke beech atak gayi.
Aage ladies khadi thi, nikalne ki jagah nahi thi.
    Usne kisi ko dhakka nahi diya,
kuch nahi kaha —
bas khud mein thoda sa simat gayi.
    Lag raha tha woh pareshan thi.
Shayad nervous bhi.
    Kuch pal baad rasta mila,
woh aage badhi,
aur jaake seat pe baith gayi.
    Par mere liye us din ka safar
wahi ruk gaya tha —
us ek haath ke lamhe mein.

Ek Haath — Jo Dua Ban Gaya

Us din ke baad,
jab bhi koi dua qubool hoti,

ya kabhi sukoon milta...
main wahi haath dekhta.
    Jahan uska touch mehsoos hua tha...
main us jagah ko chhoota —
kabhi kabhi chhupke se chumta bhi.
    Wo chhoo lena,
ek paak nishani ban gaya tha.
    Dard mein tasalli.
Khushi mein shukr.
    Namaaz ke baad jab haath uthta,
toh woh hissa sabse zyada mehsoos hota tha.

Ek Pal Jisme Zindagi Jeeti Thi

Woh haath ka lamha —
meri mohabbat ka pehla physical asar tha.
    Na jaane usne mehsoos kiya ya nahi...
lekin maine us ek touch mein ek poori zindagi jee li.
    Duniya ke liye chhoti baat thi...
par mere liye woh
ibaadat ka haqdaar pal tha.

Aur Tab Samjha...

Tab samjha:
Mohabbat sirf milne ka naam nahi...
kabhi kabhi sirf ek haath bhar zindagi ka naam bhi hoti hai.

CHAPTER SEVEN

Har Dua Mein Uska Naam

Jab Jazbaat Sajdon Mein Utr Gaye

Pyaar ke kuch ehsaas aise hote hain
jo lafzon se nikal kar sajdon mein utar jaate hain.
    Main jaanta tha —
main us ladki ko nahi jaanta.
Na uska naam.
Na uska ghar.
Na uska haal.
    Phir bhi...
uska hona meri rooh ke itna kareeb tha
ki main use apni duaon mein sametne laga.
    Har din jab use dekhta,
andar kuch shaant ho jaata.
Jaise duniya ki saari garmi
uske chehre ke noor se thandi ho jaati thi.
    Aur uske jaane ke baad,
uski khamoshi meri raat ka hissa ban jaati thi.
    Main use yaad nahi karta tha —
woh apne aap hi yaad ban jaati thi.

Khamosh Guftagu Allah Se

Kuch hi dinon mein,
uske liye Allah se baat karna meri aadat ban gayi thi.
    Koi specific dua nahi hoti thi.
Na koi tayyar lafz.
    Bas sajde ke baad haath uthte,
aur dil ke andar ek khamosh guftagu reh jaati:
    "Woh ladki... tu jaanta hai na?
Uska har din sukoon bhara ho."
    Shayad yeh mohabbat ka woh roop tha —
jahan uske milne ya na milne se farak nahi padta,
par uske khairiyat se padta hai.

Uske Bina Bhi, Uske Saath Jeena

Zindagi mein har kisi ko
ek aisi wajah chahiye hoti hai
jiske liye woh khud ko bepanah arpan kar de.
    Mere liye woh ladki thi.
    Uske bina bhi,
uske saath jeene ki chahat thi.
    Uske naam ke bina bhi,
uske liye dua karne ka junoon tha.
    Main samajh gaya tha —
meri mohabbat ab kisi milne tak seemit nahi thi.
    Woh mere routine ka hissa ban gayi thi —
jab main kaam pe hota,
aur jab main apne kamre ke kone mein tanha baitha hota.

Woh Jagah Jo Khaali Rehti Thi

Kabhi kabhi,
dil ke andar ek khaali si jagah mehsoos hoti thi.
    Woh jagah kis cheez se bharegi —
nahi jaanta tha.
    Shayad kabhi nahi bharegi.
    Shayad har din,
us jagah mein uski yaadon ka ek pal girta jaata tha...
aur woh jagah aur gehri hoti jaati thi.
    Main apne andar hi ek jagah bana raha tha —
jismein woh ladki jee rahi thi...
bina yeh jaane ki use pata bhi hai ya nahi.

Dua Ka Roop Ban Gayi Mohabbat

Ab samajh aaya tha:
Kuch pyaar izhaar ke liye nahi hote...
wo toh isliye hote hain
taaki tum Allah ke aur kareeb jaa sako.
    Uske saamne jhuk kar,
kisi aur ke liye ro sakon.
    Aur jab tum kisi ke liye
dua mein gir jaate ho —
toh tum khud ko de chuke hote ho...
aur phir bhi kuch paane ki umeed nahi rakhte.

Khud Se Sawal

Jab Mohabbat Sirf Tumhare Dil Tak Simat Jaaye

Kabhi kabhi mohabbat
sirf tumhare dil mein simat kar reh jaati hai.
Na izhaar hota hai,
na samne wale tak woh jazbaat pahunch paate hain.
    Aur tab...
ek waqt aata hai
jab tum khud se ladne lagte ho.
    Main bhi lad raha tha —
apne iraadon se,
apne khayalon se,
aur sabse zyada... apni kismat se.
    Roz use dekhna,
roz uske liye dua karna,
roz uski ek jhalak mein jee lena...
    Sab kuch theek tha —
lekin ek din, andar se awaaz aayi:
    Kab tak? Aur kis liye?"
    Har din umeed le aata,
aur har raat adhoori thakan chhod jaati thi.

Main mohabbat kar raha tha —
bina umeed ke,
bina kisi waade ke...
Lekin iss jazbaat ke saath jeena —
aasaan nahi tha.

Ghar Walon Ko Bataya — Aur Rooh Se Chhup Gaya

Ek din, maine maa se baat ki.
Na koi drama tha, na tension.—
Bas ek tasveer dikhayi aur dil ki ek baat keh di:
Maa, main is ladki ko kaafi time se dekhta aa raha hoon.
Bahut simple ladki hai... masoom si.
Naam tak nahi jaanta, kabhi baat bhi nahi ho paayi...
Lekin dil ka rishta sa mehsoos hota hai.
Phir maine sirf itna poocha:
Agar kabhi uska ghar maloom ho jaaye...
toh kya aap ek baar jaa kar baat kar logi?
Paak niyat se, bas ek baar...
Maa ne tab kuch nahi kaha.
Na haan, na naa.
Main samajh gaya... aur shayad nahi bhi.
Kuch din baad mujhe pata chala —
maa ne meri baat behnon se share ki.
Aur tab shayad, unse casual baat karte hue
unhone apne dil ka ek concern nikaala:
Sameer ko uske baare mein kuch bhi nahi pata...
naam tak nahi jaanta...
sirf dekha hai...
ab kya bas aise hi jaakar uske ghar baat kar lenge?

Woh baat unka gussa nahi thi —
ek maa ka darr tha... samjh thi... soch thi.
Lekin jab yeh baat mujhe kisi aur se sunne ko mili —
toh mujhe us jawaab se zyada,
us tareeke ne tohda.
      Main chilla nahi saka.
Kuch keh bhi nahi saka.
Par uss din... vishwas ka ek tukda andar se toot gaya.
      Agar maa mujhe sidhe kehti —
Beta, tu samajh raha hai na yeh kitna mushkil hai?
Par main hoon tere saath... dekhte hain, Allah jo chahega
wahi hoga...
Toh shayad baat itni andar nahi lagti.
      Jo ladka apne jazbaat kabhi kisi se share nahi karta,
Jo har baat dil mein rakhta hai...
Agar aaj woh maa ke paas apni mohabbat lekar aaya tha,
Toh woh mohabbat sirf kisi ladki ke liye nahi —
un par bharose ke liye bhi thi.
      Mujhe unka mana karna bura nahi laga...
Lekin unka woh jazba nahi dikha — jisme woh kehti,
Chal beta, dekhte hain... Allah ki marzi hogi toh raasta
niklega...
Woh nahi mila.
Lekin us din ke baad se,
main sirf unse nahi —
apne jazbaat se bhi khamoshi se baat karne laga.

"Main unse gussa nahi tha... sirf unka saath
chaahta tha.
Par kuch rishte khamoshi mein bhi zinda rehte
hain...
Jaise meri mohabbat, meri maa se, aur usse bhi
— jise kabhi paaya nahi."

Allah Se Sawal... Bina Jawab Ke

Phir dil ne Allah se sawal karna shuru kiya:
   Tu aise logon se milaata kyun hai jo mil nahi sakte?
Kya main itna bura hoon?
Ya meri duaon mein dum hi nahi?
Kya uska sukoon sirf maangne layak hai,
aur uska saath mere naseeb mein nahi?
   Sawal bahut the.
Jawab ek bhi nahi.
   Sirf ek sannata tha
jo har sajde ke baad
dil mein ghul jaata tha.
   Main jaanta tha —
Allah ke faisle behtareen hote hain...
Lekin jab dil dard mein ho,
toh woh behtari bhi zakhm lagti hai.

Khud Se Narazgi

Main khud se naraaz ho gaya tha.
Har chhoti baat mein
apne aap ko dosh dene laga:
   Kya agar meri awaaz normal hoti...
toh main usse baat kar paata?"
   Kya agar main thoda zyada himmatwala hota...
toh uske saamne khud ko rakh sakta?"
   Shayad main hi kamzor tha.
Shayad main hi uske laayak nahi tha.
   Mere jazbaat
itne gehre ho chuke the
ki ab unka izhaar bhi

beizzati lagta tha.
    Main sirf isliye chup tha...
kyunki mujhe uska sukoon
uski muskurahat se bhi zyada aziz tha.

Khamoshi Mein Izzat Bachaana

Aur tab...
maine khud se ek naya vaada kiya:
    Chahe duniya kuch bhi kahe...
chahe Allah mere sawalon ka jawab na de...
lekin meri mohabbat
us tak izzat ke saath pahunchni chahiye.
    Na kisi zidd mein,
na kisi shikayat mein...
    Sirf ek aisi khamoshi mein
jo dua ke saath jiya jaaye.

CHAPTER NINE

Rishta Fix: Mohabbat Ka Pehla Zakhm

Har Mohabbat Ki Ek Lakeer Hoti Hai

Har mohabbat ki ek lakeer hoti hai —
jahan tak tum dekh sakte ho.
Uske baad...
sirf andhera hota hai.
   Main apni lakeer par
khamoshi se chalta raha,
har roz uski ek jhalak ko
naseeb ka tohfa samajh kar jeeta rha.
   Maine kabhi kuch nahi maanga —
na mulaqat,
na mohabbat,
na uski aankhon mein apna naam.
   Bas ek hi dua thi:
   Allah, uska sukoon barkaraar rakhna —
chahe usmein meri jagah ho... ya na ho.
   Lekin ek din —
wahi Khuda ne meri sabse gehri dua ko tod diya.

Jab Rishta Kisi Aur Se Juda Tha

Ek din bas kisi random conversation mein
uske baare mein ek aisi baat sunne ko mili,
jiske baad meri saari duniya ruk gayi:
      "Uska rishta fix ho gaya hai."
      Shabdon mein yeh kehna aasaan tha.
Par mere liye...
us pal mein saans lena mushkil ho gaya.
      Waqt ruk gaya.
Sheher ki bheed static ho gayi.
Aur sirf mere andar tufaan chal raha tha.
      Main kuch soch nahi paaya.
Kuch samajh nahi paaya.
Bas aankhon ke saamne
uska chehra tha —
lekin ab woh chehra
kisi aur ki zindagi ka hissa ban chuka tha.

Meri Duaon Ka Silsila Toot Gaya

Us din laga —
meri mohabbat ka silsila
Allah ne kisi aur ke naam likh diya hai.
      Jise maine har din sajdon mein maanga...
jiske sukoon ke liye har waqt dua ki...
ab uska faisla kisi aur ke haathon mein tha.
      Mera har sajda,
meri har khamoshi...
ab sirf be-waqt si lag rahi thi.
      Jaise saari duaayein
ek band darwaze se takra ke laut aayi ho.

Khushi Chahiye Thi... Par Saath Nahi Mila

Mujhe uski khushi chahiye thi...
aur aaj bhi chahiye.
Shayad isi liye
us pal bhi main ro nahi saka.
Sirf khud se kaha:
Allah, agar yehi uski takdeer hai...
toh tu use itna khush rakhna
ki woh kabhi kisi chhoti si baat pe bhi aansu na bahaaye.
Par...
kya dil itna samajhdaar hota hai?
Andar se sab kuch
bikhra hua tha.
Har woh sajda,
jo maine uske liye kiya tha —
us din kisi aur ki zindagi ban gaya tha.
Uska rishta fix ho gaya...
par meri mohabbat ab bhi adhoori thi,
zinda thi,
khaamosh thi.

Diary Ka Woh Pal...

Us raat,
main diary likhte-likhte so gaya.
Ussi diary mein —
jismein maine uske liye likhe khat sambhaal ke rakhe the.
Woh letter jo kabhi diya nahi.
Woh jazbaat jo kabhi keh nahi paaya.
Aur us raat...
pehli baar,
maine apne haathon se kuch nahi likha.

Bas aankhon se
har lafz girta raha.
Shayad yeh pehli baar tha,
jab mohabbat ne mujhe kuch diya nahi...
bas le gaya.

CHAPTER TEN

Kya Dua Qubool Hui?

Jab Zindagi Khamoshi Se Mod Leti Hai

Zindagi ke kuch raaste
khamoshi se mod lete hain.
    Hum sochte hain — sab khatam ho gaya.
Par jab Allah kisi dua ka jawab dene lagta hai,
toh uski timing
insaan ke sabr ko
imtihan ke aakhri darwaze tak le jaati hai.
    Jab mujhe uska rishta fix hone ki baat pata chali thi,
us din meri duniya rukh si gayi thi.
Laga —
ab yeh mohabbat ka safar yahin tak tha.
    Maine Allah se kuch nahi maanga uske baad.
Bas chup ho gaya.
Apni duaon tak ko
khamosh kar diya tha.
    Par...
jo dua dil se nikli ho,
woh khamoshi mein bhi zinda rehti hai.

Waqt Beeta... Par Tasveer Andar Zinda Thi

Waqt beeta.
Main apne routine mein laut gaya.
     Lekin uske baare mein sochna chhoda nahi.
Uski tasveer.
Uski muskurahat.
Uska mask ke peechhe wala noor —
sab mere andar hi jee rahe the.
     Phir ek din,
kaafi dino baad woh mujhe usi bus stand par dikh gayi.
Par is baar...
uske chehre ka noor kahin gayab tha.
Jaise koi baat use andar se tod rahi ho.
     Use dekhte hi
dil bechain ho gaya.
Ek hi khayal dimaag mein tha —
Kya chal raha hai iske saath? Kya sab theek hai?
Lekin afsos...
Main usse kabhi baat nahi kar paaya.
     Us din maine notice kiya —
wo kisi naye chehre se halki si baat kar rahi thi.
Bas... itna kaafi tha mere liye.
     Mann ne kaha: agar kisi se poochh sakta hoon, toh
shayad usse.
Main us ladki ke peeche gaya.
Sirf itna jaanna tha — "Woh theek toh hai?"
     Par jab maine usse baat ki or uske baare kuch puchhne
ki koshish ki,
usne rukhai se bas ek baat keh di:
     **Woh pehle hi apne rishton ke tootne se pareshan hai.
Use aur pareshan mat karo.**

Shayad use laga
main apni mohabbat ke liye uski madad chahta hoon.
Lekin jo main keh nahi saka,
wo usne keh diya.
Aur main samajh gaya...

Rishta Toott Gaya Tha

Ab sab kuch thoda-thoda samajhne laga.
Jo kabhi sirf ek khabar thi —
ab ek tasdiq ban gayi thi:
    Uska rishta toot gaya tha.
    Kya hua?
Kyun hua?
Iska jawab kisi ke paas nahi tha.
    Lekin mujhe sirf itna samajh aaya:
    Allah ne meri dua toh nahi badli,
par uska faisla zaroor badal gaya hai.

Main Wahi Nahi Raha

Par main ab woh insaan nahi raha jo pehle tha.
Na wahi excitement.
Na wahi pehle jaisi umeed.
Na woh pehle jaisa intezaar.
    Rishta tootne ki khabar
ek ajeeb sa guilt le aayi —
jaise maine toh sirf dua maangi thi,
lekin meri dua ne uski muskurahat chheen li.
    Shayad nahi...
Shayad Allah ne
jo rishta banaya tha,
woh theek nahi tha.

Shayad meri mohabbat sach thi.
Isliye uska sukoon
ab bhi kahin baaki tha.
	Aur Allah ne
use bacha liya.

Pehli Baar Phir Se Diary Kholi

Us din,
pehli baar maine apni diary kholi.
	Aur likha:
	Shukriya Allah...
Tune mujhe nahi diya,
par use kisi galat haath mein jaane se rok liya.
	Aur agar yeh rasta mere liye hai,
toh main intezaar karta rahunga —
be-awaaz,
be-shart,
be-intaha.

CHAPTER ELEVEN

Kya Yeh Ishq Dubara Jeeyega?

Jazbaat Kabhi Marte Nahi

Kuch jazbaat kabhi marte nahi...
sirf thodi der ke liye chup ho jaate hain.
Jaise andheron mein chhupa ek diya —
jo hawa se hilta toh hai,
par bujhta nahi.
   Uska rishta toot gaya —
yeh sunkar mere dil mein
ek ajeeb si halchal hui.
   Na khushi thi,
na dukh...
sirf ek khamoshi thi
jismein sab kuch tha.

Ab Duaon Mein Khamoshi Thi

Pehle main Allah se
uske sukoon ke liye dua karta tha...

Ab main uske liye
dobara dua nahi kar paa raha tha.
    Shayad darr tha...
ke uske zakhm ke beech
main apne jazbaat rakh kar
use aur chot na de doon.
    Par waqt...
wahi toh sabse achha ustad hota hai.
Dheere-dheere samjhata hai.
    Aur ek waqt aaya,
jab mujhe laga —
shayad kahani yahin se dobara shuru ho sakti hai.
    Rishta khatam ho chuka tha...
lekin zindagi nahi.

Shayad Uske Dil Ko Bhi Jagah Chahiye

Shayad...
uska dil abhi bhi
khud se baat karne ke liye
kisi safe jagah ki talaash mein ho.
    Shayad...
usne ab tak
apni rooh ki baat kisi se nahi ki ho —
waise hi jaise maine nahi ki.
    Aur phir ek din,
ek pal mein,
dil ne kaha:
    **Shayad ab main uske kareeb ja sakta hoon —
waise nahi jaise duniya jaati hai,
balki waise jaise sirf khuda bhejta hai.**

Wapas Us Jagah... Jahan Sab Shuru Hua Tha

Main wapis gaya...
us jagah jahan sab kuch shuru hua tha.
Wahi bus stop.
Wahi subah ka waqt.
Wahi aankhon mein intezaar.
    Shayad use dekh paun.
Shayad na.
    Lekin ab main uss pal se bhaagna nahi chahta tha.
Main har baar bhaagta raha tha —
apni awaaz ke darr se,
society ki soch se,
apne jazbaat ki gehraiyon se.
    Lekin ab nahi.
    Agar Allah ne mujhe
ek aur chance diya hai,
toh main ab khud se bhi door nahi bhaag sakta.

Iss Baar Paane Ke Liye Nahi... Samajhne Ke Liye

Lekin is baar...
main use paane ke liye nahi,
use sunne ke liye milna chahta hoon.
    Jaanna chahta hoon —
uske andar kya chal raha hai,
usne kya saha hai,
kis raste se guzri hai...
    Aur kehna chahta hoon:
    Main tumhara bojh nahi banna chahta...
Main bas woh kona banna chahta hoon
jahan tum chhup kar ro bhi sako...

aur bina bole jee bhi sako.
    Kya pata...
iss baar meri khamoshi
koi sawaal na bane —
balki uske zakhm ke liye ek sukoon ban jaaye.
    Kya pata...
iss baar yeh mohabbat,
phir se jee uthhe.

CHAPTER TWELVE

Pehli Baar: Jab Hum Aamne Saamne Aaye

Woh Pal, Jiska Saalon Se Intezaar Tha

Zindagi mein kuch pal hote hain
jinka intezaar hum saalon tak karte hain.
Har dua,
har khayal,
har khamoshi —
sirf us ek pal ke liye jeeti hai.
    Jab sab kuch ruk jaaye,
aur tum sirf uski aankhon mein dekho.
    Us din...
main pehli baar uske saamne tha.
    Woh ladki —
jise maine sirf khwabon mein jeeya tha —
ab meri aankhon ke saamne khadi thi.

Tufaan Mere Andar Tha

Mausam shaant tha.
Lekin mere andar tufaan macha tha.

Haath kaanp rahe the.
Dhadkan itni tez thi
ki laga —
jaise woh awaaz us tak pahunch jaayegi.
    Mere kadam dheere-dheere
us taraf badh rahe the jahan main hamesha soch kar ruk
jaata tha.
    Us din...
pata nahi kaisa hausla tha —
shayad Allah ka diya hua.
Ya meri mohabbat ka aakhri intezaar.

Woh Thodi Badli Hui Thi

Woh kuch badli hui thi.
Aankhon mein thodi sa thakaan.
Chehre par ek gehri soch.
Shayad uske toot chuke rishte ne
usko andar se tod diya tha.
    Lekin uski rooh...
ab bhi waisi hi thi —
saaf, masoom, aur itni gehri
ki har lafz uske saamne bekaar lagta tha.

Pehla Lafz, Pehla Darr

Main uske paas gaya.
Pehli baar — itne saalon ke intezaar ke baad.
    Aur phir...
meri awaaz ne sab kuch bigaad diya.
Main kuch kehne ki koshish kar raha tha,
par meri awaaz waisi hi thi —
halki,

khud mein dubi hui.
    Main apne sabse bade darr ke saamne khada tha.
Us ladki ke saamne
jisne meri mohabbat jeeti thi...
Aur us awaaz ke saath
jo meri sabse purani haar thi.

Uski Aankhon Mein Waqt Ruka Tha

Woh ruki.
Usne mujhe dekha.
Main nahi jaanta
uske dil mein kya guzra.
    Lekin uski aankhon mein
ek second ke liye waqt ruka tha.
    Jaise usne meri aankhon mein
kuch dard samjha ho.
Ya shayad pehchana ho —
    Yeh wahi insaan hai...
jo kabhi kuch bol nahi paaya,
par har pal uske saath jeeta raha.

Sirf Itna Hi Kaha...

Main sirf itna keh saka:
    Main kabhi aapka bojh nahi banna chahta tha.
Bas ek pal...
Khud ko aapke saamne rakhna chahta tha.
    Aur bas...
itna keh kar wahan se nikal gaya.
    Na jawab chaha,
na explanation.
Mera kaam sirf itna tha —

Us pal ko jeena.

Shayad Mohabbat Yahin Mukammal Hui

Shayad yeh mulaqat
kisi shabd ki mohtaj nahi thi.
Shayad yeh mohabbat
usi ek pal mein poori ho gayi thi.

CHAPTER THIRTEEN

Jab Usne Pehli Baar Message Kiya

Jab Mujhe Laga Sab Khatm Ho Gaya

Usse milne ke baad mujhe lag raha tha —
shayad kahaani yahi tak thi.
   Main wahan tak pahucha
jahan tak meri mohabbat mujhe laa sakti thi.
Maine use dekha,
uske saamne apni khamoshi rakhi...
aur phir laut aaya.
   Mujhe nahi pata tha
uske dil mein kya guzra hoga.
Shayad kuch nahi...
ya shayad itna kuch,
ki woh khud bhi samajh nahi paayi.
   Bas main apne dil ko
yeh keh kar sambhal raha tha:
   Jo hona tha, ho gaya...
ab bas yaadon ka saath hai.

Do Din Baad... Ek Vibration

Par zindagi ne
ek baar phir mujhe chokha diya.
    Do din baad,
ek shaam...
    Main apne kamre ke kone mein
apni diary ke saath tha.
Phone ek taraf padha tha,
bina kisi umeed ke.
    Aur tabhi —
ek chhoti si vibration.
    Screen pe naam nahi tha —
sirf ek number.
Unknown number.
    Maine message khola.
Sirf ek sentence likha tha:
    "Aap wohi ho na,
jo us din mujhse baat karne aaye the...?"

Woh Ek Line — Jo Saans Rok De

Mera saara jism
ek pal mein thanda pad gaya.
    Main baar-baar padhta raha us line ko —
jaise usme koi chhupi muskurahat ho,
Koi door se aaya
Narm sa touch ho.
    Itna seedha,
itna saaf,
itna... masoom.

Usne Kaise Dhoonda...?

Mujhe nahi pata
usne mera number kaise dhoonda.
    Shayad kisi dost se.
Shayad office ke kisi visitor list se.
Ya shayad...
uske dil ne khud keh diya ho:
    "Yeh wahi ladka hai —
jo kabhi bus stop pe chup rehta tha,
jiski aankhon mein lafz nahi,
lekin sajde hote the."

Humne Baatein Shuru Ki

Maine "haan" likha.
Bas itna.
    Uski taraf se turant dusra message aaya:
    "Mujhe pehli baar
kisi ne bina wajah dekha...
bina kisi sawaal ke.
Kyun?"
    Main kuch der tak
screen ko dekhta raha.
Shayad mujhe
uska sawaal samajhne ki zarurat nahi thi.
Jawab toh
pehle se mere dil mein likha tha.

Mera Jawab

Maine likha:

"Pata nahi...
shayad isliye
kyunki aap meri zindagi ka
ek hissa ban chuki thi —
bina is baat ke
ki aapko pata bhi tha ya nahi."

Aur Phir...

Do minute tak
Koi reply nahi aaya.
Phir —
ek aur message:
"Yeh ajeeb hai.
Mujhe kabhi laga nahi tha
ki koi mujhe aise dekh sakta hai —
bina kisi wajah ke."
Main thoda muskuraya.
Shayad mujhe pata tha —
ab baat badhne wali hai.

Pehli Baar... Lafzon Mein

Pehli baar...
bina dekhe, bina dare...
hum ek doosre se baat kar rahe the.
Aankhon ke saath nahi...
lafzon ke saath.

Shayad Mohabbat Phir Se Jee Uthi Thi

Aur mujhe pata tha —
shayad meri mohabbat

phir se jee uthi thi.

CHAPTER FOURTEEN

Humare Beech Pehli Raat Bhar Baat

Ek "Haan" Sab Kuch Badal Deta Hai

Kabhi kabhi
sirf ek **"haan"** sab kuch badal deta hai.
    Us raat,
jab uske message ka jawab diya,
toh meri duniya waise hi thi —
wahi kamra,
wahi raat,
wahi diary.
    Par ek fark tha...
ab mere dil ke andar khamoshi nahi thi —
ek awaaz thi — uski.
    Aur jab usne likha:
**"Main kuch poochhna chahti hoon...
aap bura toh nahi manenge?"**
    Toh mere saare gile,
saare darr,
saalon ki khamoshi...
ek pal mein pighal gayi.

Pehli Baar Hum Dono Ek Saath The

Hum raat bhar baat karte rahe.
Pehli baar...
hum dono ek hi waqt mein
ek dusre ke saath the —
    Bina bheed ke,
bina bus ke shor ke,
bina kisi timing ke pressure ke.
    Bas ek raat thi...
aur us raat mein hum the..

Uska Sawaal, Mera Sach

Usne pucha:
    "Aap kab se mujhe dekhte the?"
    Maine likha:
    "1ˢᵗ September 2022...
new office ka pehla din tha mera.
Aapko pehli baar wahi dekha tha."
    Woh chhup ho gayi.
Phir likha:
    "Itni der tak... bina kuch kahe?"
    Main kuch der tak chup raha.
Phir sirf itna likha:
    "Aap tak pahuchne se zyada,
aapke sukoon ka khayal tha mujhe."

Baaton Mein Khamoshi Ka Sukoon Tha

Woh pehli raat aisi thi
jahan har baat ke beech ek silsila tha —

Kabhi khamoshi,
kabhi halka sa hansna.
    Kabhi woh
apne college ke dino ki baatein karti
Kabhi main
apne akelepan ka zikr karta.
    Pehli baar...
main kisi ladki ke saamne
khud ko pura utaar raha tha —
    Bina makeup ke.
Bina attitude ke.
Bina mask ke.

Woh Tooti Hui Ladki

Aur us raat...
mujhe uske andar ek tooti hui ladki dikhi.
    Jo kabhi kisi ke saamne nahi royi thi...
lekin mere sirf ek
    "Main sun raha hoon"
ke baad...
    uski aankhon se sab kuch nikal gaya.
    Usne likha:
    "Main bahut samajhdar banne ki koshish karti hoon...
par andar se kabhi kabhi
main sirf ek simple ladki reh jaati hoon."

Mohabbat Nahi... Rooh Ka Aks Tha

Us pal...
main samajh gaya:
    Yeh sirf meri mohabbat nahi thi...
yeh meri rooh ki awaaz thi

jise usne pehli baar sun liya tha.
    Aur us raat...
raat khatam hone ka dukh nahi tha.
    Kyunki ab
ek nayi subah ka intezaar tha —
Jismein hum dono
pehli baar...
ek saath honge.

CHAPTER FIFTEEN

Usne Kaha: "Main Milna Chahti Hoon"

Jab Mohabbat Lafzon Se Aage Badhti Hai

Mohabbat jab dil se
baaton tak pahunch jaaye,
toh uske baad ek hi raasta bacha hota hai —
milne ka.
Lekin jis ladki ko tumne
saalon tak sirf khwabon mein jeeya ho,
uska saamne aakar kehna:
"Main milna chahti hoon..."
toh us pal mein sirf jazba nahi hota — woh poori zindagi
hoti hai.

Uska Ek Message — "Main milna chahti hoon"

Us raat humne pehli baar
khud ko lafzon mein utaara tha.
Main soch raha tha —
Ab aur kya chahiye... bas itna kaafi hai.

Lekin dusre din dopahar,
zindagi ne fir se meri rooh ko jaga diya.
Uska message aaya:
> *"Main milna chahti hoon... agar aap bhi chahein."*
> Ek line...
aur meri saari duniya tham gayi.
Mann mein ek hi awaz thi:
"Kya yeh sapna hai? Ya meri dua sach ban gayi?"

Pal Pal Ki Yaadein Zinda Ho Gayi

Us waqt uska chehra saamne nahi tha —
lekin yaadein saamne thi:

- Bus mein uske paas khada hona
- Uska haath mera haath chhoo lena
- Uske liye ki gayi woh har khamosh dua
- Aur woh sajde, jismein maanga tha sirf uska sukoon

Aur ab...
woh ladki khud keh rahi thi — "Main milna chahti hoon."

Khushi Zyada Thi Ya Darr?

Mujhe samajh nahi aaya...
yeh khushi thi, ya darr ka doosra roop.
Main baar-baar screen dekhta raha —
Yeh sach hai na? Yeh wahi ladki hai na?
Shayad uske andar bhi kuch aisa tha
jo ab lafzon se nikal kar
nigahon mein kehna chahta tha.

Milne Ki Tayyari — Dar, Dua, Dhadkan

Humne ek shaant si jagah decide ki —
na koi bheed, na koi awaaz.
Sirf hum.
    Lekin us din...
poora din sirf ek sawal tha:

- Kya pehnu?
- Kya kahun?
- Mujhe dekh kar woh kya mehsoos karegi?
- Aur... kya meri awaaz phir se uski noor ke saamne chhup jaayegi?

Woh Pal Aaya...

Main thoda pehle pahuch gaya.
Dil ka dhadakna...
shayad pehli baar sunai de raha tha.
    Har kadam ki aahat mein
uski aamad mehsoos ho rahi thi.
    Aur phir...
woh pal aaya.

Woh Aayi – Noor Mein Lipta Hua Pal

Woh aayi...
jaise roshni kisi dua ka jawab ban ke aayi ho.
Aankhon mein halka kajal,
safed kurti,
aur wohi masoom noor
jo har roz meri duaon mein tha.

Main bas use dekhta raha...
aur usne dheere se kaha:
"Mujhe laga tha... aap aayenge."
Main kuch nahi keh saka.
Meri awaaz, meri zubaan se pehle uske chehre pe jaa chuki
thi.
Main sirf muskuraya...
Us muskurahat mein
saaloon ki mohabbat thi,
har subah ka intezaar tha,
aur har dua ka jawab tha.
Woh pal...
shabd nahi maang raha tha —
woh bas sachai mehsoos kar raha tha.

Mohabbat Pehli Baar Zinda Thi

Us pal meri mohabbat
pehli baar meri aankhon ke saamne thi —
zinda, haazir,
aur is baar... meri nazar se durr nahi.

Darr Aur Mohabbat

Jab Har Cheez Meethi Lagne Lagi

Jab mohabbat khushbu ki tarah
zindagi mein ghul jaaye,
toh har pal...
meetha lagne lagta hai.
Uske saamne baitha tha,
par kuch bol nahi paaya —
aur shayad zarurat bhi nahi thi.
　　Pehli baar, meri mohabbat
meri aankhon ke saamne baithi thi —
uski aankhon mein kuch adhoore sawal the,
lekin dil mein ek be-naam sa bharosa.
　　Main sirf
uski aankhon ko dekh raha tha...
jaise unmein
saalon se rukke jazbaat likhe ho.

Hum ek shaant si jagah par baithe the.
Log aate ja rahe the,
lekin hum dono
ek doosre ki duniya mein the.
Baaton ka silsila chhoti baaton se shuru hua —
muskurahat, yaadon, thodi si sharm...
Phir baat thodi gehri ho gayi.
Aur tab...
usne woh kaha
jo main kabhi soch bhi nahi sakta tha.

Main Dar Rahi Hoon...

Woh pal...
ekdum khamoshi se aaya.
Usne aankhon mein jhijhak le kar kaha:
"Main dar rahi hoon..."
Main ek pal ke liye
poori tarah se chup ho gaya.
Uski aankhon mein dekha —
wahan guilt nahi tha,
na koi shaque...
Sirf ek sachcha darr tha.
Jaise koi masoom toofan
andar hi andar chal raha ho —
jo woh duniya se chhupa rahi ho,
lekin mere saamne...
usne khud ko khol diya tha.

Darr Ki Wajah Kya Thi?

Main ne dheere se poocha:
"Kis baat ka darr?"

Usne thoda ruk kar kaha:
"Pehli baar kisi se itni baat ki hai...
Pata nahi yeh sab sahi hai ya nahi...
Main aage badh bhi paungi ya nahi...
Aur kabhi kabhi lagta hai...
shayad main is sab ke laayak hoon bhi ya nahi..."
Us waqt mujhe samajh aaya —
jo ladki duniya ke saamne strong dikhti thi,
wo abhi bhi apne purane dardon ke saaye se lad rahi thi.

Mera Jawaab – Bina Wada, Sirf Saath

Main ne kuch bada ya filmi nahi kaha.
Bas uski aankhon mein dekhta raha.
Phir bohot araam se bola:
"Darna bilkul theek hai.
Jo asli hota hai,
woh kabhi bhi aasaan nahi hota."
"Main tumse kuch maangne nahi aaya...
na haan, na rishte ka vada.
Bas tumhare saath hoon.
Us waqt tak bhi,
jab tum khush ho...
aur us waqt tak bhi,
jab tum dari hui ho."

Na Haan, Na Naa... Sirf Sukoon

Usne kuch nahi kaha.
Aankhon mein thode aansu the.
Chehra shaant tha.
Na haan thi.
Na naa.

Lekin sukoon...
woh tha.
Jo har lafz se bada tha.

Mohabbat Ka Sabse Asli Roop

Us pal main samajh gaya...
Mohabbat ka matlab sirf "I love you" kehna nahi hota.
Kabhi kabhi,
sirf kisi ka "darr" samajhna —
bina judge kiye,
bina jawab maange —
hi sabse gehra pyaar hota hai.

CHAPTER SEVENTEEN

Pyaar... Bina Izhaar Ke

Aankhon Se Shuru Hua, Lafzon Tak Aaya

Kabhi kabhi
mohabbat ke sabse gehre jazbaat
lafzon mein nahi hote —
sirf aankhon ke rukh se samajh aate hain.
    Us din bhi kuch aisa hi tha.
Hum dono
phir usi jagah baithe the
jahan sab kuch shuru hua tha.
    Aasmaan shaant tha.
Hawa mein ek narmi thi —
jaise waqt bhi ruk gaya ho
us pal ko sunne ke liye
jo us ladki ke dil mein chhupa tha.

Main Tumse Kuch Kehna Chahti Hoon...

Usne meri aankhon mein dekha —
ek thehri hui muskurahat ke saath.
    Aur phir,
thoda sa sambhal kar

usne dheere se kaha:
> *"Main tumse kuch kehna chahti hoon..."*
> Us waqt
meri saans ruk gayi.
Waqt jaise freeze ho gaya ho.
Main sirf itna hi keh saka:
> *"Main sun raha hoon..."*

Uske Lafz Dua Ban Gaye

Usne kuch der aankhen jhukai rakhi —
jaise dil ke andar kuch tha jo
lafzon ke liye raasta dhoond raha ho.
> Phir usne bolna shuru kiya:
> *"Main soch bhi nahi sakti thi*
ki main phir kabhi kisi se
itna open ho paaungi."
> *"Mujhe laga tha meri kahani*
wahin khatam ho gayi thi...
jab mera rishta toota tha."
> *"Lekin tumne mujhe*
meri khud se pehchaan wapas di."
> Uska har lafz
mere dil ke andar utar gaya.

Main Wahi Ho Jo Main Hoon

"Main nahi jaanti yeh kya hai...
bas itna jaanti hoon
ki tumse baat karte hue
mujhe kabhi act karna nahi padta —
na strong banne ka dikhawa,
na khush hone ka."

"Tumhare saamne
main wahi hoon jo main andar se hoon —
ek simple si ladki...
jo sirf samjhe jaane ki chahat rakhti hai."

Uski Pehchaan Uska Parivaar Hai

Fir usne thoda sa ruk kar kaha:
"Main chahti hoon...
agar kabhi meri zindagi mein koi aaye,
toh wo sirf mujhe nahi —
mere maa-baap, meri simplicity, meri values —
sab kuch samjhe."
"Main un ladkiyon mein se nahi hoon
jo mohabbat mein
sab kuch chhod deti hain."
"Main chahti hoon koi aisa ho
jo mujhe poori tarah accept kare —
meri duniya ke saath,
meri soch ke saath."
"Kyunki main jo hoon...
usmein mera parivaar basa hai."
Uski aankhon mein halka sa pani tha...
par phir bhi
woh muskurane ki koshish kar rahi thi.
Us pal main samajh gaya —
yeh izhaar nahi tha...
lekin isse gehra
kuch aur ho hi nahi sakta.
Main kuch kehna chahta tha,
lekin sirf haan mein sir hilaaya.
Kyuki us waqt
mere shabdon se zyada

uski baaton ki izzat zaroori thi.
	Aur tab mujhe samajh aaya...
kabhi kabhi,
sirf kisi ka kehna:
	"Main tumse kuch kehna chahti hoon..."
	hi uske dil ka
sabse bada confession hota hai.

CHAPTER EIGHTEEN

Jab Usne Poocha

Ek Sawaal Jo Saalon Se Band Tha

Kabhi kabhi,
mohabbat saalon tak
sirf dil ke ek kone mein rehti hai.
  Na izhaar karti hai,
na gila.
Bas duaon mein mehsoos hoti hai,
tasveeron mein jeeti hai...
Aur sirf ek umeed mein zinda rehti hai —
ki ek din...
woh khud poochhe:
  "Tum mujhe kab se chahte ho?"

Woh Din Aakhir Aa Hi Gaya

Aur phir...
woh din aaya.
  Ek shaam,
ek shaant park,
aur ek bench jahan sirf hum the —
do log,

ek jazba,
aur bekarar si khamoshi.
    Uske chehre par ek narmi thi...
jaise woh kuch soch rahi ho
jo ab tak sirf dil tak simta tha.
    Usne meri taraf dekha,
thoda ruki —
aur phir poochha:
    "Sach sach batao...
tum mujhe kab se chahte ho?"
    Ek pal ke liye
sab kuch ruk gaya.
Mujhe uske chehre se zyada
ek din yaad aaya...

Waqt Mujhe Wapas Le Gaya

1st September 2022.
Delhi Sachivalaya ka bus stop.
Bheed thi —
lekin uske safed chadar ne
poori bheed mein
ek noor jaga diya tha.
    Uski aankhen...
jo kuch nahi keh rahi thi,
phir bhi sab kuch keh gayi thi.
    Us pal mein
meri mohabbat ka aaghaz hua tha.

Ussi Din Se...

Main uski taraf dheere se dekha,
aur kaha:

"Ussi din se...
jab maine tumhe pehli baar dekha tha."
"Woh subah, woh safed chadar,
tumhara bag ka strap...
aur tumhara khud mein kho jaana —
sab yaad hai."
"Tum us din sirf ek ladki nahi thi...
tum meri dua ban gayi thi."

Aankhen Bhari, Lafz Adhure

Usne meri baat suni...
aur aankhon mein aansu bhar aaye.
Kuch kehna chaha,
par sirf ek aansu
aur ek chhoti si muskaan
uske gaal par beh gayi.
Kuch pal tak
hum dono sirf us pal mein the —
bina kisi lafz ke.
Thodi der baad usne kaha...
"Main kabhi soch bhi nahi sakti thi...
koi mujhe itni imaandari se
yaad rakhega."

Mohabbat Ab Sirf Ek Naam Nahi Rahi

Us pal
kisi izhaar ki zarurat nahi thi.
Na koi vaada,
na koi rishte ka tag.
Sirf ek pal tha...
jahan meri mohabbat

sirf meri nahi rahi thi.
　　Jahan saalon ka intezaar
ek sawal mein simat gaya tha.
Aur uss sawal ne
meri tanha mohabbat ko
ek pehchaan de di thi.

CHAPTER NINETEEN

Usne Kaha: Mujhe Tumhari Awaaz Pasand Hai

Us Din – Jab Main Apna Sach Keh Chuka Tha

Us din...
main apna sab kuch keh chuka tha —
1st September ka raaz,
ek tarafaa pyaar,
aur un saalon ki har dua
jisme sirf uska zikr tha.
    Laga jaise meri rooh
uske saamne
khud ko utaar kar rakh chuki ho.
Aur ab...
sirf khamoshi baaki thi.

Khamoshi Ka Sukoon

Bench par baithe hum dono
kuch der tak
sirf chup rahe.
    Na koi sawaal.
Na koi jawaab.
Na koi vaada.
Sirf ek pal... jisme hum saath the.
    Woh kabhi mujhe dekhti,
kabhi aasman ko...
Uski aankhon mein ek sukoon tha —
lekin us sukoon ke peeche
ek baat chhupi thi.

Tumhari Awaaz Itni Halki Kyun Hai?

Phir usne
thoda jhuk kar
muskurate hue poocha:
    "Tumhari awaaz itni halki kyun hai?"
    Ek pal ke liye
main andar se thoda tharthara gaya.
Wahi sawaal...
jise main zindagi bhar
chhupata raha tha.
    Meri sabse badi kami.
Mera sabse puraana darr.
    Main sirf uski taraf dekhta raha...
par lafz... nikal nahi paaye.

Mujhe Tumhari Awaaz Pasand Hai

Shayad meri aankhon ne
sab kuch keh diya tha.

Kyuki usne
bina mujhe kuch kehe
dheere se bola:
    "Mujhe tumhari awaaz pasand hai."
    Awaaz Jise Main Chhupata Tha...
    Jo awaaz
main duniya ke liye dabata tha,
aaj uske liye sukun ban gayi thi.

Usne kaha:

*"Is awaaz mein shor nahi hai...
ismein sachchai hai."*
    *"Mujhe waise log chahiye
jo asli ho —
aur tum waise ho."*

Khamoshi Ab Comfort Thi

Main ab bhi chup tha,
lekin is baar
meri khamoshi bhi bol rahi thi.
    Andar ek toofan tha —
rahat ka toofan.
    Pehli baar kisi ne
meri sabse badi insecurity ko
tareef bana diya tha.

Mujhe Kuch Kehna Nahi Pada

Main bas muskuraya.
Dil halka ho gaya.
Woh saari heaviness

jo main har roz feel karta tha —
aaj uski ek line ne mita di.
　　Na mujhe apna voice pitch badalne ki zarurat thi,
Na volume sochne ki.
　　Jiske saamne
main bolne se darta tha...
aaj woh meri awaaz ko
apne dil ke kareeb le chuki thi.
　　Aur tab samajh aaya —
kabhi kabhi,
insaan ko sirf ek line chahiye hoti hai:
　　"Mujhe tum waise hi pasand ho...
jaise tum ho."
　　Us pal,
meri kami meri pehchaan ban gayi thi.
Aur meri awaaz — jo pehle darr thi,
aaj kisi ke liye apnapan ka saboot ban gayi.

CHAPTER TWENTY

Tumhara Saath Chahiye

Jab Izhaar Dua Ka Jawaab Ban Jaaye

Mohabbat ka asli roop izhaar nahi hota...
lekin jab izhaar hota hai,
toh lagta hai jaise har sajde ne awaaz paayi ho.
Us din uski awaaz thodi halki thi —
shayad uske dil mein kuch tha
jo ab wo kehna chahti thi.

Woh Kuch Samet Ke Aayi Thi

Woh mere paas aayi,
dheere se meri taraf dekha —
jaise kuch sambhal ke laayi ho —
ek waqt, ek soch, ek jazba.
   "Main tumse kuch aur kehna chahti hoon..."
   Is baar uski awaaz mein
pehle wali hichkichahat nahi thi.
Shayad us darr ko
usne pee liya tha.

Ya shayad ab use bharosa tha —
ki uske saamne baithne wala insaan
uske jazbaat ke bojh ko uthaa lega.

"Main Tumse Pyaar Karne Lagi Hoon"

Main sirf uski aankhon mein dekhta raha.
Usne apni saari himmat jod kar kaha:
   "...Mujhe lagta hai,
main tumse pyaar karne lagi hoon."
   Woh lafz mere dil mein
bijli ki tarah utar gaye.
Main kuch seconds tak kuch nahi bol paaya.
Sirf uska chehra dekhta raha —
jo sharm se laal tha,
aankhon mein thoda darr,
thoda sukoon,
aur bahut saara sach.

Meri Haan Khamoshi Mein Thi

Us pal mein kuch kehna zaruri nahi tha.
Meri haan meri aankhon mein thi,
meri muskurahat mein thi,
meri khamoshi mein thi.
Maine uska haath apne haathon mein liya
aur bas itna kaha:
"Main toh kab se
sirf isi pal mein jee raha hoon..."

Uski Aankhon Mein Nami Thi... Par Dil Mein Bharosa

Woh muskurayi —
aankhon mein nami ke saath.
"Pehli baar kisi ne mujhe
meri kami ke saath chaha hai," usne kaha.
"Pehli baar main
apne andar ke toote hisson ko
kisi ke saamne bina darr ke rakh paayi hoon."

Do Adhoore Log – Ek Pura Saath

Us pal mein na waqt tha,
na jagah ka hosh.
Sirf hum the —
do adhoore log,
jo ek doosre mein
apna poora hone ka raasta dhoondh rahe the.
Aur jab usne mujhe dekhaaur dheere se kaha:
    "Ab darr nahi lagta..."
Tab mujhe laga:
    "Shayad pyaar wahi hota hai —
Jahan tumhare sabse bade darr,
kisi ke haathon mein surakshit mehsoos karne lagein."

Mujhe Tera Saath Chahiye...

Us din mohabbat sirf izhaar tak nahi rahi —
ek naya ehsaas ban gayi thi.
Pyaar sirf pasand karne ka nahi,
pyaar jeene ka tareeka hota hai —
ek saath, ek surat mein, ek muskurahat ke saath.
Aur jab usne meri taraf dekha
aur dheere se kaha:
    "Mujhe tera saath chahiye..."

Toh mujhe laga...
zindagi kabhi kabhi humari khamoshiyon ko bhi sun leti
hai.

CHAPTER TWENTY-ONE

Humari Chhoti Si Duniya: Ek Sapna Jo Aadha Reh Gaya

Ek Balcony, Ek Shaam, Ek Sapna

Ek shaant si shaam thi...
ek balcony jismein **halka sa suraj ka rang ghul raha tha.**
    Aur ek tasveer —
meri chhoti si duniya ki.
    Us din
hum dono ek dusre ke saamne baithe the,
jaise sirf waqt ko mehsoos karne aaye ho —
bina kisi jaldi, bina kisi shor.
    Usne muskurate hue poocha:
    "Agar kal hamara ek ghar ho... toh kaisa ho?"
    Main thoda muskaraaya,
phir aankhen band kar ke kehne laga...

Hamare Ghar Mein...

Ek chhoti si balcony —
Jahan shaam ki chai tere haathon se mile.
Ek table — jahan meri diary rakhi ho,
aur mere baaju mein tu.
Ek kona —
jahan Qur'an aur Ramayan dono rakhe ho...
taaki hamare ghar mein
sirf ek mazhab ho -- insaaniyat.

""Aur ek awaaz... ek nanhi si awaaz..."
'Ammi... Papa...'"

Ek chhoti si beti —
jo teri muskurahat jaisi narmi le kar paida ho."
"Aur Jab Hamari Pehli Beti Hogi Na..."
"Ladki?" usne poocha.
Maine haan mein sir hilaaya.
"Haan...
kyunki main duniya ko
ek ladki ke zariye pyaar ka matlab samjhaana chahta hoon."
"Main chahta hoon
uska naam hum 'Aayat' rakhein."

Aayat – Ek Naam, Ek Noor

Usne thoda hairani se dekha:
"Aayat?"
Main muskaraaya:
"Haan.
Aayat ka matlab hota hai — life.
Aur usmein teri jhalak hogi,
meri dua...
aur hamari mohabbat ka roshan sa hissa."

Woh bas dekhti rahi —
shabd nahi the.Uski aankhon mein ek khamosi thi... jaise
keh rahi ho:
"Kaash yeh sab sach ho..."
Aur main... us khayal mein kho gaya.
**Mujhe laga jaise humari beti Aayat mere saamne
khadi ho —**
chhoti, narm, uske jaisi muskaan liye...
"Papa, kya aapki love story sach thi?"
Main use godh mein uthakar bas itna keh paaya:
"Woh mohabbat toh thi... par adhoori thi beta."
Aur phir — ek thandi si hawa chali.
Aur meri aankhein khul gayi.
Na Aayat thi,
na uski maa.
Na wo balcony,
na wo sapna.
Bas ek khaali kamra...
aur ek purani mohabbat ka dard,
jo phir se zinda ho gaya tha.

CHAPTER TWENTY-TWO

Jiska Koi Tha Hi Nahin, Usse Kya Kho Denge?

Woh Sapna Tha... Ya Zindagi Ka Ek Pal?

Aankh khuli...
lekin dil jaise ruk gaya tha.
Aisa lag raha tha
jaise kisi ne meri poori duniya
mere saamne basakar,
ek hi jhatke mein tod di ho.

Woh Sab Jo Maine Jeeya Tha... Ek Sapna Tha

Aayat...
Woh chhoti si beti,
jise maine apne sapne mein paala,
jiska naam socha,
jise poori ek duniya di —
uska wajood
sirf meri soch ka ek narm sa tukda tha.
   Aur tum...
Jinke saath

maine ek poora ghar basa liya tha,
ek izhaar jee liya tha,
ek shaam, ek subah,
ek zindagi likh di thi...
Woh sab — sirf ek raat ka khwab tha.
Asal Mein Uska Rishta... Kabhi Tooota Hi Nahi Tha
Woh sab ek sapna tha...
ek fiction jaisa pal,
jo us raat meri aankhon mein aaya —
jab mujhe yeh khabar mili
ki uska rishta pakka ho chuka hai.
Maine toh
sirf apne dil mein uske milne ki kahani likhi thi...
lekin haqeeqat mein toh
usne mujhe kabhi chuna hi nahi tha.

Subah Thi... Par Dil Andheron Mein

Subah ho chuki thi,
lekin har roshni
aankhon mein chubh rahi thi.
Main ek khaali makaan ban gaya tha —
jahaan pehle khwab rehte the,
ab sirf tooti hui yaadon ka dard tha.
Mann baar-baar keh raha tha:
"Ja... usse dekh le.
Shayad woh mil jaaye."
Aur tu Keh paaye ki...
woh sapna sirf sapna nahi tha —
woh meri rooh ka hissa tha."

Lekin Ek Aur Sach Tha...

Par ek aur sach tha:
Main us pal mein jee raha tha
jo meri duaon ka hissa tha,
lekin uski zindagi mein
main kabhi tha hi nahi.
     Uska rishta —
aaj bhi usi tasalli se tha.
Aur main...
sirf ek apne hi likhe khayal mein
zinda tha.

Woh Diary... Woh Letter... Sirf Mere Liye The

Mujhe yaad aayi
woh diary,
woh letter,
woh lamhe...
jo maine uske liye likhe
par kabhi us tak nahi pahunchaye.
Main sirf likhta raha...
aur woh kabhi padh hi nahi paayi.

Bina Paaye Bhi... Mohabbat Zinda Rahi

uske bina bhi
maine har roz use mehsoos kiya.
Har barish,
har roza,
har sajda —
sirf uske naam ka tha.
     Aur aaj bhi...
jab woh kabhi meri thi hi nahi,
main use bhool nahi paaya.

Log kehte hain:
"Jiska koi tha hi nahi, usse kya kho denge?"
   Par main kehna chahta hoon:
"Jise kabhi paaya hi nahi,
uske kho jaane ka dard
aur bhi gehra hota hai."

Ab Sirf Sawal Reh Gaye

Kya usne kabhi mehsoos kiya?
Kya us tak meri mohabbat pahunchi?
Kya uske dil mein
kabhi ek pal ke liye bhi main tha?
Aur sabse bada sawaal...
Kya main use bhool paunga?
   Shayad Nahi.
Main use nahi bhool paunga.
Kyunki woh mohabbat thi.
Woh ibaadat thi.
Woh meri adhoori kahani ka
sabse khoobsurat hissa thi.
   Kuch mohabbatein milne ke liye nahi hoti...
      Woh sirf is liye hoti hain —
         taaki tum apne andar ek sajda,
            ek silsila paida kar sako...
         aur us mohabbat mein jee jao —
      khud se, khuda se, usse bhi bin kahe.

CHAPTER TWENTY-THREE

Zindagi Chalti Rahi...

Zindagi Kisi Ek Pal Pe Rukti Nahi

Zindagi kisi ek pal pe nahi rukti...
chahe tumhara dil us pal mein hi kyun na reh gaya ho.
Woh raat...
jisme maine apne sapne jeeye the,
ek poora rishta mehsoos kiya tha,
ek beti ka naam tak soch liya tha —
subah hote hi sirf ek khayal ban kar reh gayi.
    Sab kuch waisa hi tha —
sheher ka shor, kaam ka pressure, raat ki tanhaai...
par main waisa nahi raha.

Kuch Badal Gaya Tha

Mera chehra nahi...
meri aankhon ka andaaz badal gaya tha.
Meri muskaan nahi...
par uske peeche chhupi kami kuch aur kehne lagi thi.
    Log kehte rahe:
Tu toh waise hi lagta hai jaise hamesha tha...
Kaun samjhe —

kuch badlav rooh mein hote hain,
jo dikhte nahi,
sirf mehsoos kiye jaate hain.

Routine – Ab Sirf Aadat Thi

Roz ki zindagi chalti rahi.
Uthna, kaam pe jaana, muskurana, lautna...
Jaise koi zarurat ho.
Par ab woh zarurat nahi thi,
sirf aadat thi.

Bus Stand Ke Paas Se Guzarte Hue

Kabhi kabhi bus stand ke paas se guzarta tha...
toh aankhon mein ek chhoti si umeed jagti thi:
"Kya pata... aaj mil jaaye..."
Phir khud se kehta:
"Woh mohabbat thi... roz nahi milti."

Main Jee Raha Tha... Bas Thoda Alag

Main jee raha tha.
Shayad waise nahi jaise log jeete hain,
lekin jee raha tha.

Dua Ka Ek Hissa

Har namaaz ke baad
ab bhi ek aadat thi —
uske liye haath uthana.
    Uska naam aaj tak nahi pata...
par uska chehra,

uski chhupi si muskurahat,
meri har dua mein utar chuki thi. main uske liye dua karta.
  "Ya Allah,
jise main apne dil mein chhupaye baitha hoon,
uski har takleef tu aasaan kar de.
Uske raste se dard hata de.
Uske naseeb mein khushi likh de."
  Main kuch aur bhi maang sakta tha...
lekin ab lagta hai —
uski khushi hi meri dua hai.

Paas Aana Hi Sab Nahi Hota

Pehle lagta tha,
pyaar ka matlab hota hai milna, paas aana.
Par waqt ne sikhaya —
kabhi kabhi kisi ke liye door se dua karte rehna bhi
mohabbat hoti hai.
Aur shayad... sabse paak mohabbat wahi hoti hai.

Tasveer Dil Mein Thi. Tasalli Dua Mein.

Jo har pal kisi ki yaadon mein jeeta hai,
use chhoone ki zarurat nahi padti.
Uski tasveer dil mein hoti hai.
Aur tasalli... sirf dua mein.
  Kabhi kabhi khud se poochhta hoon:

- Kya usne kabhi mehsoos kiya?
- Kya us tak meri mohabbat pahunchi?
- Kya uske dil mein, ek pal ke liye bhi, mera koi zikar tha?

Shayad nahi.
Shayad meri khamoshi,
uski duniya ke shor mein dab gayi thi.
      Par itna kaafi hai...
ki uska naam meri duaon mein tha.
Uska sukoon meri sajdon mein tha.
Main uski zindagi ka hissa nahi ban saka,
par agar meri har dua ka ek tukda
uske naseeb mein likha gaya ho —
toh mere liye...
bas wahi kaafi hai.

Jab Koi Nayi Muskaan Milti Thi...

Kabhi koi nayi muskaan milti thi...
dil ke kisi kone se awaaz aati:
"Yeh us jaisi nahi hai..."

Zindagi Chalti Rahi... Main Bhi

Zindagi chalti rahi.
Duniya kehti rahi:
"Move on kar."
Aur main sirf muskura kar sochta raha:
"Main ruka hi kab tha?"
      Main toh ab bhi uss lamhe mein hoon:

- Jab uska haath mere haath se chhoo gaya tha.
- Jab uske mask ke peeche noor tha.
- Jab main uske bina bhi..., uske liye zinda tha.

Zindagi Aage Badh Rahi Hai... Main Bhi

Zindagi aage badh rahi hai...
main bhi.
    Lekin ek tukda...
ab bhi usi bus stand par khada hai —
us waqt ka intezaar karta hua...
jahan mohabbat aankhon tak thi,
par asar rooh tak tha.

> *Kabhi kabhi,*
> *zindagi sab kuch le jaati hai —*
> *sirf dua chhod jaati hai.*
> *Aur usi dua mein*
> *ek adhoori mohabbat*
> *zinda reh jaati hai.*

CHAPTER TWENTY-FOUR

Jab Khamoshi Ne Likha — "Main Ab Bhi Wahi Hoon"

Zindagi Aage Badh Rahi Thi... Main Bhi, Thoda Kam

Zindagi aage badhne lagi thi —
jaise sabke saath hota hai.
Kaam wapas routine ban gaya tha.
Log milte, haste,
"Kya haal hai?" poochte...
Aur main,
"Sab badiya..." keh kar
apni muskurahat thoda aur sambhal leta.
  Par andar se malum tha —
kuch cheezein waapas nahi aayi.
Na woh khushi
jo uske khayalon mein thi,
na woh sukoon
jo sirf uske hone se milta tha.

Main Likhta Raha... Har Raat

Diary ka ek naya edition shuru ho gaya tha.
Har raat uske naam se ek nayi entry hoti.
Kabhi likhta:
"Aaj bhi tu yaad aayi thi."
Kabhi koi dua,
jo sirf uske liye thi.
Kabhi bas
khud se baat karte hue lagta —
jaise uski awaaz sun raha hoon.

Har Pal Mein Ek Tasveer Thi

Kabhi kisi station par
chadar odhe kisi ladki ko dekhta
toh dil ek pal ke liye ruk jaata.
"Shayad woh ho..."
Phir khud hi keh deta:
*"Nahi... bas dil hi hai.
Usne toh shayad kabhi jaana bhi nahi tha."*

Main Ab Bhi Wahi Hoon

Lekin main badla nahi.
Main ab bhi wahi hoon —
jo use pehli baar
bus stop pe dekha tha
aur bina kuch kahe
dil haar baitha tha.
    Main wahi hoon
jo uske ek touch ko

sajda samajh kar
roz namaaz ke baad
haath chhoomta hoon.
    Wahi,
jo uski khushi ke liye
tab bhi dua karta tha
jab khud andar se tuta hua hota tha.

Mohabbat Kabhi Khatam Nahi Hoti... Sirf Ruk Jaati Hai

Mohabbat mein kabhi kabhi waqt thamm jaata hai.
Tum badhte ho,
kaam badhta hai,
umr bhi...
Par dil
ek mod pe ruk jaata hai
jahan se uska chehra
dikhna band ho jaata hai.
    Main zindagi ke us mod par hoon —
jahaan lautna mumkin nahi,
aur aage badhne ka matlab sirf jeena hai... jeene ki wajah
nahi
    Kya use mehsoos hoga —
ki koi tha
jiske liye
woh sirf ek ladki nahi thi...
Woh mohabbat thi.
Woh dua thi.
Woh zindagi thi.

Main Khud Se Jhooth Nahi Bolta

Main khud se kabhi jhooth nahi bolta.
Main ab bhi wahi hoon.
Aur main chahta hoon —
chahe woh kahin bhi ho...
chahe woh jaane ya na jaane...
uski yaadon mein likha hua yeh ladka,
aaj bhi sirf usi ka hai.

Agar Tu Kabhi Aaye...

Kya pata...
kabhi meri likhi yeh mohabbat
kisi hawaa ke zariye
tere dil tak pohanch jaaye...
    Aur tu kisi pal,
apne dil se yeh faisla le
ki zindagi mein ek baar
wapas mud kar dekhna chahiye...
    Toh bas yaad rakhna —
mere dil ke raaste bhi khule milenge,
aur mere ghar ke darwaze bhi.
    Bas ek dua karna —
ki us waqt meri zindagi mein
koi aur na ho.
    Kyunki agar Allah ne
kisi aur ke saath meri kismat likhi...
toh main usse dhoka nahi de sakta.
    Tere liye jo jagah hai,
uski jagah koi nahi le sakta —
par jo zindagi us waqt hogi,
woh meri nahi...
Allah ki marzi hogi.

Kyunki main tujhe bhool nahi sakta...
par main tere liye apni wafadari bhi nahi tod sakta.

CHAPTER TWENTY-FIVE

Jab Maine Diary Band Ki...

Ek Safha, Jahan Lafz Ruk Gaye

Us din,
main diary ke us safhe par tha
jahan likhne ko sab kuch tha,
par lafz ruk gaye the.
Shayad is baar
dard likhne layak nahi tha —
sirf mehsoos karne layak tha.

Main kab se likhta aaya hoon —
har din, har raat, har pal —
sirf uske liye.
Har jazbaat ko lafzon mein utaarta tha,
jaise har page mein
uski muskaan chhupi ho.

Par us raat...
maine pehli baar ek blank page dekha.
Aur use bharne ki himmat nahi hui.

Diary Band Karna Cheekh Nahi Karta

Diary band karte waqt
koi dhoom-dhaam nahi hoti.
Na dard cheekhta hai,
na aansu girte hain.
    Sirf ek halki si thakan rehti hai —
"Thak gaya hoon..."
Shayad likh likh kar sab kuch keh chuka hoon,
aur ab khud se bhi
kuch kehne ko nahi bacha.

Har Lafz Uska Tha -

Main us page ko band kar raha tha
jisme har line
uske naam ke aaspaas ghoomti thi.
    Har lafz
uske liye likha gaya tha,
par kabhi bheja nahi gaya.
    Har emotion sachcha tha,
par kabhi us tak pahuncha nahi.

Ek Rishta, Jo Almari Mein Sambhal Gaya

Main diary ko
almari ke ek kone mein rakh raha tha —
jaise koi rishta
sambhal kar rakhte hain.
    Na kisi ko dikhate hain,
na khud bhool paate hain.
    Mohabbat sirf likhi jaaye, zaroori nahi...
Kabhi kabhi use khamoshi mein jeena bhi ek ibadat hoti hai.

Ek Khayaal — Jo Neend Mein Bhi Tha

Us raat,
main diary band karke soya tha,
par neend mein ek hi khayaal tha:
"Kya kabhi yeh diary uske haath mein jaayegi?"
   Shayad... Kabhi Nahi
   Shayad us tak meri baat kabhi na pahunche.
Shayad meri mohabbat
uski zindagi ka
ek pal bhi na ban sake.
   Lekin Agar Kabhi...
   Par main chahta hoon —
agar kabhi
kisi chhoti si kitaabshop mein
woh meri kahani padhe,
aur ek pal ko ruk kar soche:
"Yeh mere liye likha gaya tha..."
   Toh bas...
us din ke liye
maine diary band kar di thi.
   "Us din ke baad maine likhna chhoda nahi...
   bas uske naam ke aage khud ko likhna chhod diya."

CHAPTER TWENTY-SIX

Agar Tum Meri Hoti...

Agar Tum Meri Hoti...

Agar tum meri hoti...
toh main har subah
tumhari muskurahat se din shuru karta,
aur har raat
tumhare saath khamoshi mein bhi
saari baatein keh jaata.
Main tumse kabhi kuch maangta nahi —
sirf dua karta,
ki tum zindagi bhar
meri aankhon ke saamne safe raho,
khush raho,
aur poori raho.
Agar tum meri hoti...
toh main duniya ke har kaam se pehle
tumhara haath pakadta,
aur har mushkil mein
tumse pehle
apne Allah se sirf tumhara naam maangta.

Tum Mohabbat Nahi Thi... Tum Uska Sabse Paak Roop Thi

Main tumse kabhi keh nahi saka...
ki tum meri sirf mohabbat nahi thi —
tum meri mohabbat ka
sabse paak roop ho.
   Agar aaj bhi kahin tum
iss kahani ko padhti ho,
toh bas ek baat yaad rakhna:
   Main ne tumhe jeetne ke liye nahi chaha tha...
main ne tumhe mohabbat ki misaal banane ke liye chaha
tha.
   Tum jahan bhi ho,
jis ke saath bhi ho —
main dua karta hoon
tumhara har sapna
tumse bhi zyada khoobsurat ho.
   Aur agar kabhi tumhe lage
ki tumse kisi ne
bina kuch maange,
sirf tumhari rooh se pyaar kiya tha —
toh samajh lena... woh main tha.

Agar Yeh Kahani Tum Tak Pahunche...

Aur agar kabhi
tum is kahani ke saath
khud ko mehsoos karo...
agar tumhe lage
ki yeh lafz sirf likhe nahi,
jee kar likhe gaye hain...

Toh ek baar muskurana zaroor —
kyunki ho sakta hai,
tumhe pehli baar
apni mohabbat ka asal roop dikh raha ho.

Aur Agar Tum Wapas Aayi...

Agar kabhi
meri likhi har line
tumhare dil tak pohanchi —
aur tumne mehsoos kiya
ki yeh sirf ek kahani nahi,
tumhari kahani hai...
Toh is kahani ka agla hissa
tumse likhwaunga.
Tumhari soch,
tumhari khamoshi,
tumhara sach —
sab kuch.
Lekin agar tum kabhi nahi aayi,
agar Allah ne
tumhari kismat kisi aur ke saath likhi...
Toh bhi main khush ho jaunga.
Kyuki meri mohabbat
jeetne ke liye nahi bani thi...
uska kaam sirf dua dena tha.

Aur Khud Se Ek Baat...

Kabhi kabhi sochta hoon —
ki agar tum meri hoti...
toh kya main waise hi rehta
jaise ab hoon?

Kya main itna likh pata?
Kya main itna mehsoos karta?
Kya meri mohabbat itni paak reh jaati?
Shayad nahi...
Tumhara na milna
mujhe adhoora zaroor kar gaya —
lekin iss adhoorepan ne hi
meri rooh ko poora likh diya.
Main aaj bhi khush hoon...
Na tumse mil kar —
balki tumse mohabbat kar ke.

Aur Jab Main Apni Kahani Ka Yeh Safha Band Kar Raha Hoon...

Ab...
jab main apni kahani ka
yeh aakhri safha band kar raha hoon,
main sirf khud se ek baat kehta hoon:
"Agar tum meri hoti...
toh shayad main aur kuch nahi likhta.
Par kyunki tum meri nahi ho...
main ne sab kuch likh diya."
The End... or maybe, the beginning of hers.

CHAPTER TWENTY-SEVEN

Ek Naam – Ek Sawal

Kitni ajeeb baat hai na...
Jis ladki ke liye maine yeh poori kitaab likhi,
jiska noor har page par utarta raha —
uska naam ab bhi is kitaab ke kisi panne mein nahi hai.
    Sirf main hoon...
meri baatein hain, meri khamoshiyan...
aur woh —
jo har lafz mein hai,
aur phir bhi har lafz se gaayab hai.
    Zindagi mein kabhi kabhi
ek aisa rishta hota hai
jo sab kuch ban jaata hai —
bina kisi pehchaan ke.
Mere liye yeh kitaab
ek aisa raaz thi
jo maine har kisi se baant diya,
siwaaye uske,
jiske liye yeh sab likha gaya tha.
    Har line mein mohabbat thi,
har page par ikraar bhi tha, inkaar bhi...
aur beech mein ek naam tha
jo kabhi likha nahi gaya.

Shayad mohabbat ka asli naam wahi hota hai —
jo sirf dil mein likha jaaye,
aur duniya sirf uski parchhaayi mehsoos kare.
Aakhir mein sirf ek sawal reh gaya:
"Kya usne kabhi apna naam is kitaab mein pehchaana?"
Agar haan...
toh yeh kitaab mukammal hai.
Aur agar nahi...
toh yeh kitaab ab bhi uska intezaar kar rahi hai.
Main chahta toh uska naam likh deta.
Par phir yeh kitaab sirf ek kahani ban jaati.
Ab yeh mohabbat hai —
har us insaan ke liye,
jise kabhi lafzon mein jagah nahi mili,
par kisi ke dil mein poori duniya mil gayi.

*Main uske saath nahi jee saka, par
apne andar use poori tarah jee liya."*

CHAPTER TWENTY-EIGHT

Letter to Her

Main jaanta hoon...
tumne mujhe kabhi jaana nahi.
Shayad pehchaana bhi nahi.
*   Par phir bhi —*
main tumse mohabbat karta raha.
Bina kuch kahe,
bina mile,
aur bina kisi umeed ke.
*   Har roz,*
ek hi bus stop,
ek hi raasta,
ek hi khwaab tha — tum.
*   Tumhari ek jhalak se mera din shuru hota,*
aur tumhari yaadon ke saath khatam.
*   Kabhi kehne ki himmat nahi hui,*
par har dua mein
sirf tumhara naam tha.
*   Maine tumhare liye ek chhitti likhi thi...*
ek baar nahi, kai baar.
Par har baar...
tumhari khushi soch kar
khud ko rok liya.

Kya pata,
mera ek lafz
tumhare sukoon mein khalal ban jaaye?
Main tumhe jeetna nahi chahta tha —
sirf duaon mein mehfooz rakhna chahta tha.
Mujhe nahi pata
yeh kitaab kab tum tak pohonchegi...
ya kabhi pohonchegi bhi ya nahi.
Par agar tum yeh padh rahi ho —
aur tumhe lage
ki yeh kahani kisi aur ki nahi,
tumhari hi hai...
Toh haan —
yeh sab kuch tumhare liye likha gaya tha.
Aur agar tumse milne ka woh ek pal kabhi aaya,
toh main kuch nahi kahunga,
sirf yeh kitaab tumhare haath mein rakh doonga...
Aur bas itna keh paunga:
Main tumse tab mohabbat kar chuka tha,
jab mujhe pata tha ke tum meri kabhi nahi banogi.
Khuda tumhe har us muskaan ke saath rakhhe,
jo meri zindagi se chali gayi thi —
par meri rooh mein hamesha zinda hai.
Tumhara... bina tumhare.

Epilogue

Kitaab likh chuka hoon. Har lafz uske liye tha... jiske liye kabhi lafz nahi milte the.
Jiske ek chhune se meri zindagi ruk gayi thi... aur jiska door ho jaana meri rooh ka hissa ban gaya.

Yeh sirf likhne ki kahani nahi thi.
Yeh jeene ki, sehne ki, chup rehne ki, aur har raat dil tham kar dua maangne ki kahani thi.
Main jeeta raha... sirf ek tasveer ke saath.
Aur aaj... woh tasveer ek kitaab ban chuki hai.

Main nahi jaanta woh kabhi yeh padhegi ya nahi.
Main yeh bhi nahi jaanta uska dil kabhi itna thehrega ki woh yeh samajh sake —
ki uska sirf hona, mere liye rehmat tha.
Bas itna jaanta hoon... agar yeh kahani kabhi us tak pohoch jaaye,
aur woh ek pal ke liye bhi ruk kar muskara de —
toh meri likhi har line maqbool ho jaayegi.

Yeh kitaab kisi "The End" se khatam nahi hoti.
Kyunki mohabbat ka kya "end" hota hai?

Kuch mohabbatein paayi nahi jaati,
bas woh tumhare andar kahin ek sajda ban jaati hain.
Main uss sajde mein jee raha hoon.

Agar kabhi tum wapas aayi,
toh yeh kitaab ka agla hissa tum likhna.
Aur agar nahi aayi —
toh yeh kitaab mere liye kaafi hai.

Kyunki maine tumhe jeetne ke liye nahi chaha tha...
sirf isliye chaha tha...
taaki Allah se ek roohani rishta jod sakun —
tumhare naam ke saath.

Pyaar aur Mohabbat

Aur agar ab bhi koi pooche...
pyaar aur mohabbat mein farq kya hota hai?
   Toh bas yeh kitaab khol lena.
   Kyunki maine pyaar nahi kiya...
maine mohabbat ki thi — bina haasil kiye, sirf dua mein
jeeti thi.
   — Sameer
(Ek ladka... jo sirf mohabbat likhta nahi tha,
mohabbat banke jeeta tha.)

*"Agar tum meri hoti, toh shayad main yeh
sab na likhta."*
*"Par kyunki tum meri nahi thi... maine sab
kuch likh diya."*

All quotes, lines & monologues in this book are written
by Sameer Khan. Do not reproduce without permission

About The Author – Sameer Khan

Sameer Khan

Sameer Khan is a storyteller of silence — someone who didn't speak his love out loud, but lived it in every heartbeat, prayer, and page.

Born and raised in New Delhi, Sameer never imagined he would one day write a book about love, not the kind that ends in "happily ever after," but the one that lives quietly inside you, even when everything else has moved on.

He began writing not as a writer, but as someone trying to survive.

A quiet boy with a soft voice, a diary in his drawer, and a one-sided love that refused to leave.

His words came from moments no one saw — late-night prayers, unnoticed glances, unspoken dreams.

Professionally, Sameer comes from a digital background — someone who once worked on websites, trading charts, and data.

But this book?

This isn't about data.

This is about the one girl whose presence taught him that even silence has a voice — and even love without replies can echo forever.

This book is not written to impress, but to express — an untold love story that shaped the way he sees faith, relationships, and himself.

If you've ever loved someone without expecting anything in return...

If you've ever found yourself praying for someone more than speaking to them...

Then this book, and this writer, might already feel like a part of you.

He hopes this story finds its way to the heart it was meant for.

And even if it never does, he has no regrets.

Because **some love stories are not meant to be lived with someone...**

They're written to live beyond someone.

If this story touched your heart — even silently —
Do share your thoughts or just a small prayer.
Instagram (Author): @imsam.39
Instagram (Book): @agartummerihoti
(Real feelings matter more than fancy words.)